Tu vas mourir en prison

BERNARD PHELAN

Tu vas mourir en prison

Otage d'état en Iran

TÉMOIGNAGE

Traduit de l'anglais (Irlande) par
VALÉRIE LE PLOUHINEC

Harper
Collins

Titre original :
YOU WILL DIE IN PRISON

Originally published in the English language in the UK by Eriu, an imprint of Bonnier Books UK Limited, London.

HARPERCOLLINS FRANCE
83-85, boulevard Vincent-Auriol, 75646 PARIS CEDEX 13
Tél. : 01 42 16 63 63

www.harpercollins.fr
contact-sitehc@harpercollins.fr

ISBN 979-1-0339-2137-0

Ce livre est dédié à mon père, Vincent,
à ma sœur, Caroline, et à mon mari, Roland.

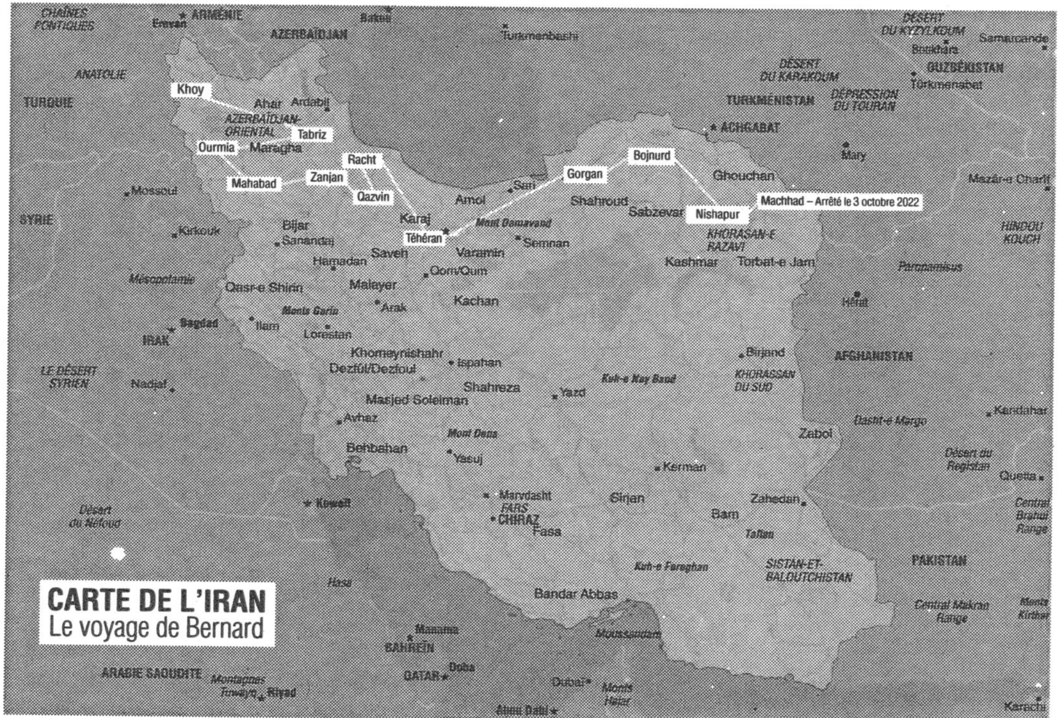
CARTE DE L'IRAN
Le voyage de Bernard
Khoy
Tabriz
Ourmia
Mahabad
Zanjan
Racht
Qazvin
Téhéran
Gorgan
Bojnurd
Nishapur
Machhad – Arrêté le 3 octobre 2022
TURQUIE
ANATOLIE
ARMÉNIE
AZERBAÏDJAN
TURKMENISTAN
OUZBÉKISTAN
AFGHANISTAN
PAKISTAN
SYRIE
IRAK
ARABIE SAOUDITE
BAHREÏN
QATAR
AZERBAÏDJAN-ORIENTAL
KHORASAN-E RAZAVI
KHORASSAN DU SUD
SISTAN-ET-BALOUTCHISTAN
FARS
Ahar
Ardabil
Maragha
Bijar
Sanandaj
Hamadan
Saveh
Karaj
Amol
Sari
Semnan
Varamin
Qom/Qum
Kachan
Malayer
Arak
Qasr-e Shirin
Ilam
Lorestan
Khomeynishahr
Ispahan
Dezfûl/Dezfoul
Shahreza
Masjed Soleiman
Avhaz
Behbahan
Yasuj
Marvdasht
CHIRAZ
Fasa
Yazd
Kerman
Sirjan
Bam
Zahedan
Zabol
Birjand
Kashmar
Torbat-e Jam
Sabzevar
Shahroud
Ghouchan
Bandar Abbas
Mont Damavand
Mont Dena
Monts Zagros
Kuh-e Nay Band
Kuh-e Faraghan
Taftan
Hérat
Mary
Achgabat
Turkmenbashi
Bakou
Erevan
Mossoul
Kirkouk
Bagdad
Nadjaf
Koweït
Manama
Doha
Dubaï
Riyad
Kandahar
Quetta
Karachi
Samarcande
Boukhara
Türkmenabat
Mazâr-e Charîf
HINDOU KOUCH
Paropamisus
DÉSERT DU KARAKOUM
DÉPRESSION DU TOURAN
DÉSERT DU KYZYLKOUM
CHAÎNES PONTIQUES
Mésopotamie
LE DÉSERT SYRIEN
Désert du Néfoud
Hasa
Dasht-e Margo
Désert du Registan
Central Brahui Range
Central Makran Range
Monts Kirthar
Moussandam
Monts Hajar
Montagnes Tuwayq

Préface

L'émotion acide des souvenirs qui me restent de ces sept mois de la prise d'otage de mon mari par l'État iranien m'est un peu moins pénible aujourd'hui. J'en garde comme la souvenance d'une bataille à travers les faux pas et les leçons infantilisantes d'un ministère des Affaires étrangères français dont la ministre de l'époque est restée muette à nos souffrances, tout comme le chef du gouvernement et le président. J'ai tout de suite compris que Bernard n'était en rien responsable de ce qui lui arrivait. La France était attaquée ; la prise d'otage par un État, c'est une attaque terroriste contre un autre État, or je n'ai vu aucun signe de responsabilité de la part des autorités françaises. J'ai en revanche apprécié la souplesse et l'ouverture d'esprit des autorités irlandaises, qui ont démontré leur compassion jusqu'au plus haut sommet de l'État. Par bonheur, au final, le dénouement de cette affaire fut heureux.

C'était un vendredi. Je n'avais pas fermé l'œil la nuit précédente car je savais que Bernard avait été « exfiltré » de la prison de Machhad vers une clinique.

L'impatience, l'inquiétude d'une déception de dernière minute, l'espoir, malgré l'épuisement de ces derniers mois, me faisaient avancer, m'aidaient à patienter, encore un peu.

Donc, le 12 mai, tôt dans la matinée, un appel du Centre de crise des Affaires étrangères m'informe que Bernard va quitter l'Iran dans la journée, que tout est prêt mais que pour en être certains il faudra attendre que l'avion soit sorti de l'espace aérien iranien. Un autre appel un peu plus tard me le confirmera, m'indiquant de ne pas encore diffuser la nouvelle.

Bien entendu, la tension monte. Je ne décommande pas pour autant le rendez-vous chez ma psy, à qui je peux confier la nouvelle en face à face. Je lui demande même si je suis autorisé, exceptionnellement, à laisser mon téléphone allumé. Je ne me souviens plus du contenu exact de cette séance, mais je sais qu'elle m'a aidé à réguler mon impatience. Ensuite, je devais me rendre chez mon coiffeur, Florian, qui avait suivi toute l'histoire. C'est après ce rendez-vous, sur le trottoir, que tout s'est accéléré. J'étais à la porte de la pharmacie Rambuteau quand un nouvel appel du Centre de crise m'a appris que l'avion à bord duquel Bernard se trouvait roulait sur le tarmac pour s'envoler vers Paris et qu'il fallait encore patienter quelques minutes, car tant qu'il n'était pas sorti de l'espace aérien iranien, il pouvait être détourné par les autorités. Le personnel de la pharmacie a sauté de joie.

Enfin, ça y était, Bernard était libéré.

A commencé alors une autre attente, de celles qui ralentissent le temps. Quelques appels et messages de proches qui ont appris la nouvelle par les médias car l'info a fuité, des journalistes qui insistent lourdement pour avoir une interview. Et enfin, un nouvel appel du Centre de crise me disant que tout était prêt, l'avion en sûreté et qu'il devait se poser vers 19 heures, rendez-vous au ministère à 18 heures. J'occupe mon après-midi comme je peux et je serai au ministère à 17 heures, transi de joie et d'impatience.

Je suis reçu comme d'habitude par une des cheffes (Claudine) du CDCS (ils sont tous chef de quelque chose là-bas). On me remet un badge pour que je puisse monter dans les bureaux. Je remarque, comme à chacune de mes visites dans ce ministère, que l'ensemble du personnel est habillé en dimanche.

Tout le monde est content. J'ai droit à l'accueil du directeur (M. Romatet) et d'une autre cheffe (Françoise). L'agressivité s'évapore dans ce dénouement. Tous ces gens avec qui j'ai parfois eu des relations âpres me paraissent sympathiques et sincères. Le directeur m'offre un café, j'accepte bien que je n'aie besoin d'aucun excitant et que je sois bourré de Xanax depuis des mois. Le plus étonnant dans ce café, c'est que c'est une des cheffes qui me l'a préparé à la demande du directeur qui s'exclame : « C… est très douée pour faire le café » ! Ça me détend, mais il faut attendre une heure et demie le taxi qui nous amènera au Bourget. Nous savons que l'avion avance, nous regardons le plan de vol et nous essayons de discuter courtoisement.

Caroline doit me rejoindre, elle tarde, je trépigne un peu avant qu'elle n'envoie un message disant qu'elle préfère attendre à l'extérieur car elle croit voir des journalistes en bas du ministère – nous constaterons plus tard qu'il n'y avait pas de journalistes, seulement l'angoisse.

Nous ne tardons pas à la retrouver et, avec une des cheffes (Claudine), nous prenons un taxi commandé par le ministère. Caroline et moi arborons un grand sourire sans trop savoir quoi nous dire, alors que nous passons une heure au téléphone quotidiennement. La cheffe qui nous accompagne, elle, est très en forme. Elle râle contre le chauffeur qui selon elle conduit mal. Elle nous apprend que son projet d'être consul au Mali s'est confirmé et que, d'ailleurs, elle sort d'un entraînement avec des militaires pour apprendre à se défendre en cas d'assaut ou de prise d'otage… C'était un grand véhicule d'où on ne voyait pas très bien l'extérieur.

Après avoir évité les journalistes à l'entrée de l'aéroport, nous sommes entrés dans le service VIP. On se serait crus à un petit Festival de Cannes, les voitures-taxis déposant le staff du ministère et nous, Caroline et Roland, la sœur et le mari.

Une entrée semi-luxe mais bien imitée où nous accueillent des hôtesses et hôtes, aussi habillés en dimanche, qui nous dirigent vers un premier étage vaste, fait de grandes baies vitrées donnant sur les pistes. Nous aurons donc le privilège de voir l'avion se poser.

Un buffet de rafraîchissements imposant ne propose que des boissons sans alcool. Nous aurions plutôt eu besoin d'un petit whisky irlandais ou à défaut de mousseux pour célébrer ce moment. Je m'en enquiers auprès du staff qui me confirme qu'il n'y a pas de remontants, c'est aussi à ce genre de détails que nous jugeons nos hôtes. C'est le régime minimum, l'organisation du retour de Bernard et Benjamin a dû vider les caisses, j'imagine.

Nous avons attendu quelques longues minutes avant de voir apparaître ce petit avion dans le ciel aux alentours de 19 heures. Cet avion qui ramenait Bernard au bercail après plus de sept mois de séparation, d'angoisse, d'attente et de dépression.

Dans l'attente, les membres du staff du ministère français déambulent dans leurs beaux habits en contrôlant leur prestance tout en nous exprimant leur compassion. Les officiels irlandais me paraissent toujours plus chaleureux ou plus authentiques.

Caroline et moi collés à la baie vitrée, nous acclamons cet avion qui roule maintenant sur le tarmac français, je crois même que nous avons applaudi, et nous l'avons vu entrer dans un hangar qui jouxtait l'endroit où nous nous trouvions. On nous dirige vers l'appareil, maintenant stoppé dans ce grand parking pour avions.

La porte du jet s'ouvre, le pilote descend, puis c'est enfin lui dans l'encadrement de la porte, il sourit, nous crions de joie, l'émotion est commune à toutes les personnes présentes, l'aboutissement du travail de tous, eux et nous. Je me suis avancé vers lui, les bras ouverts, ressentant un vrai bonheur, le plus beau de ma vie. Nous nous enlaçons, et il me dit : « Si tu savais, si tu savais… » J'ai dû pleurer aussi. C'est une émotion que je n'ai jamais ressentie, cette fraction de seconde où l'on reprend contact, comme un énorme soulagement.

Après nous avoir laissé le temps de nos retrouvailles, fait quelques photos de Bernard avec moi, de Bernard avec Caroline, de Bernard et Benjamin, etc., était venu le temps des congratulations avec les officiels. Cela s'est passé très vite car, à part le staff du ministère, il n'y avait ni président de la République ni ministre. Nous avons eu droit à ce conseiller de la ministre qui, alors que je lui demandais à quelle heure arrivait la ministre – c'était un jour important puisque la France avait remporté une victoire contre un État autoritaire – me répondit que madame la ministre était en Suède. Ce à quoi j'ai répliqué par une question : « Et il n'y a pas de téléphone à Stockholm ? » Pour seule réponse, il regardera ses pieds. Quelle diplomatie !

La page était tournée, j'accompagne Bernard dans l'ambulance qui l'amène à l'hôpital Bégin où démarrera une lente et difficile reconstruction pour tous les deux.

Roland Bonello

Éléments de contexte

Le **système judiciaire iranien** comprend des éléments formels et informels. Le système formel repose sur les tribunaux avec des juges formés à la loi islamique, tandis que le système informel, appelé « tribunaux de la charia », opère en parallèle et traite les affaires relatives au droit de la famille ainsi que les conflits au sein des communautés religieuses. Les deux systèmes sont fondés sur les principes de l'islam, le système formel ayant une structure hiérarchique, notamment une Cour suprême et des cours spécialisées, quand le système informel s'appuie davantage sur les chefs religieux et les traditions locales.

Le **Corps des gardiens de la révolution islamique**, ou **CGRI**, n'a pas de rôle direct dans les décisions de justice au sein du système judiciaire officiel en Iran. Cependant, même si le CGRI ne fait pas officiellement partie du système judiciaire, ses membres peuvent y avoir des relations ou une certaine influence, ce qui est susceptible d'affecter indirectement des décisions de la justice officielle. Plus important, le CGRI a son propre système judiciaire officiel, qui opère indépendamment de la justice. Les tribunaux du CGRI traitent principalement les affaires liées à la sécurité ou concernant les intérêts propres des gardiens de la révolution. C'est là que j'ai été condamné.

La police

En Iran, la police et les forces armées ont une structure distincte.

La **Force de l'ordre de la République islamique d'Iran** est chargée de maintenir la sécurité intérieure, de faire appliquer les lois et d'assurer l'ordre public. Elle est dirigée par un commandant en chef, nommé par le guide suprême, qui détient le grade le plus élevé. La Force de l'ordre est scindée en départements variés : police de la circulation, enquêtes criminelles, cyberpolice, plus des unités spéciales pour le contre-terrorisme et le contrôle des émeutes. La Force de l'ordre opère aux niveaux national, provincial et local, avec des commissariats et des postes de police dans tout le pays.

Les **forces armées** de l'Iran sont composées de plusieurs branches au nombre desquelles figurent l'armée, le CGRI et la Force de l'ordre. L'**armée iranienne** est la force militaire conventionnelle responsable de la défense des frontières et du maintien de la souveraineté nationale. Le CGRI constitue une branche à part établie après la révolution iranienne de 1979. Il opère indépendamment de l'armée régulière, et est chargé de sauvegarder l'idéologie et les intérêts de la République islamique, à l'intérieur comme à l'extérieur du pays. Le CGRI comprend des forces terrestres, une marine, une armée de l'air, des services de renseignements et une unité paramilitaire appelée le Basij, qui fonctionne comme une milice de volontaires.

Le CGRI répond directement au guide suprême de l'Iran et a une influence significative dans divers domaines de la société iranienne, notamment la politique, l'économie et la sécurité. Il a comme but premier de défendre les idéaux et le régime de la République islamique, ainsi que de protéger celle-ci contre les dissensions intérieures et les menaces extérieures. Le CGRI supervise le programme de missiles balistiques de l'Iran, soutient des groupes affiliés dans la région, et conserve une forte présence dans les affaires domestiques, réprimant fréquemment l'opposition et assurant la conformité idéologique. Économiquement, le CGRI contrôle un vaste réseau d'entreprises, assurant aux **gardiens de la révolution** un pouvoir économique et une influence considérables. Malgré des critiques internationales pour son implication dans des conflits régionaux et des violations des droits humains, le CGRI reste une pierre de touche du régime iranien, assurant sa stabilité et défendant ses intérêts dans le pays comme à l'étranger.

Les forces armées ont aussi leurs propres chefs d'état-major, le chef du CGRI occupant une position élevée dans la hiérarchie militaire.

Dans l'ensemble, si la police et les forces armées jouent un rôle crucial dans le maintien de l'ordre et la défense de l'Iran, elles opèrent selon des chaînes de commandement séparées et ont des responsabilités distinctes.

Religion : la scission entre chiites et sunnites

Les musulmans iraniens sont en majorité chiites. La différence entre le chiisme et le sunnisme remonte à la mort du Prophète.

Le prophète Mahomet est né vers l'an 570 de notre ère, c'est-à-dire cinq cent soixante-dix ans après la mort du Christ. Pour l'islam, le Christ est un prophète arrivé avant

Mahomet, mais n'est pas le fils de Dieu. Dans les heures qui ont suivi la mort de Mahomet, en l'an 632, un conflit tribal a éclaté à propos de sa succession. Ali était un des candidats.

Ce conflit a suppuré jusqu'à ce que le fils d'Ali, Hussein, soit tué en 680, lors d'une bataille à Kerbala, dans l'Irak d'aujourd'hui. L'islam s'est alors scindé en islam sunnite (centré sur La Mecque, en Arabie saoudite) et islam chiite (centré sur l'Iran). Il y a aujourd'hui beaucoup plus de sunnites que de chiites dans le monde.

Au fil des siècles, des différences idéologiques variées se sont fait jour entre les musulmans sunnites et chiites. Du point de vue des chiites, le schisme était une « réforme », comme lorsque les protestants rompraient avec le catholicisme des siècles plus tard. La plupart des observateurs s'accordent à dire que les différences de doctrine entre sunnites et chiites sont bien moins grandes que celles entre chrétiens catholiques et orthodoxes, ou entre catholiques et protestants.

Après la scission entre sunnites et chiites, un clergé (une administration religieuse) sunnite a pris le contrôle de l'islam sunnite, tandis qu'un clergé chiite faisait de même avec l'islam chiite. Dans les deux cas, ces clergés ont entrepris d'interpréter ou réinterpréter le Coran : ce que le Prophète avait dit ; et ce que ses disciples pouvaient avoir dit. Du côté sunnite, vers le XIe ou le XIIe siècle, le clergé a décidé qu'il y avait trop de réinterprétations et de règles, et a donc gelé les interprétations du Coran à cette époque. Les critiques estiment que cette décision de retour aux fondamentaux a enfermé l'islam sunnite dans un conservatisme rétrograde. Du côté chiite, la réinterprétation par le clergé se poursuit encore à ce jour. Pour cette raison, les musulmans chiites se considèrent comme la branche « réformiste » de l'islam.

Ayatollah

C'est le titre le plus élevé de la hiérarchie du clergé chiite. Les ayatollahs sont considérés comme des experts de l'islam. L'ayatollah Ali Khamenei est l'actuel guide suprême de l'Iran. Il a autorité sur le gouvernement et sur toutes les institutions (politiques, juridiques, militaires). Il a succédé à l'ayatollah Khomeini, père de la révolution islamique, rentré en Iran en 1979 après un exil prolongé en Turquie, en Irak et en France.

Le **président de l'Iran** est élu au suffrage universel direct pour un mandat de quatre ans. Il supervise le gouvernement et l'ensemble des ministres. Si le président peut influencer les mesures politiques et proposer des lois, les décisions majeures sont soumises à l'approbation du guide suprême. Le président Ebrahim Raïssi est décédé le 19 mai 2024 dans un accident d'hélicoptère. Son successeur sera désigné lors des prochaines élections.

Langue : La langue officielle de l'Iran est le farsi (ou persan). C'est une langue indo-européenne, comme la plupart des langues d'Europe, y compris le français, l'anglais et l'allemand. C'est au VIIe siècle, lors de la conversion du pays à l'islam, que l'alphabet arabe a remplacé l'écriture cunéiforme.

La **prison de Vakilabad**, aussi appelée prison centrale de Machhad, a été ouverte à la fin des années 1960 par la reine Farah Pahlavi, épouse du dernier chah. La prison a été construite selon les mêmes plans que le pénitencier de Marion, dans l'Illinois, qui a ouvert ses portes en 1963. Tous les observateurs s'accordent à dire qu'elle abrite actuellement bien plus de détenus que ce pour quoi elle a été conçue. On estime aujourd'hui sa population à vingt-cinq mille personnes. Des rapports indiquent que, en raison du manque de place, des détenus sont forcés de dormir par terre et même dans les toilettes.

Le **bloc 6-1** : Il compte sept cellules collectives, plus deux cellules individuelles réservées aux détenus en passe d'être exécutés. La nuit qui précède l'exécution, les prisonniers sont transférés des cellules collectives à ces cellules individuelles. L'exécution a lieu le lendemain avant le lever du soleil. Les prisonniers politiques sont, eux aussi, détenus dans ce bloc. La porte d'entrée de la section 6-1 ressemble à celle d'un bureau, sans aucun signe distinctif, pour éviter l'identification des sections des prisonniers politiques.

Visites restreintes : Les restrictions peuvent viser les meurtriers, les fraudeurs, les contrebandiers, et les délinquants idéologiques et politiques. Leurs droits, y compris celui aux visites familiales, aux appels téléphoniques, et même parfois l'accès à l'air frais, sont susceptibles d'être révoqués sur un ordre du juge.

Exécutions : La salle d'exécution est une pièce d'environ trois mètres sur quatre, qui contient plusieurs plateformes à quatre pieds. Ces plateformes sont elles-mêmes posées sur une estrade à environ un mètre au-dessus du sol. L'exécution se fait par pendaison. Il est possible d'exécuter huit prisonniers à la fois dans cette zone. Pour procéder aux exécutions, des soldats du contingent sont transférés d'une caserne. Ils regagnent celle-ci aussitôt après et sont récompensés par une permission. Le refus de participer est passible de détention et d'une prolongation du service militaire. Les militaires de carrière et le personnel de la prison ne s'occupent pas eux-mêmes des exécutions car leur moral risquerait d'en être affecté et ils pourraient être tentés de déserter.

Lors d'une exécution, un juge superviseur et un religieux sont présents. C'est l'exécuteur, un membre du clergé, qui ordonne le placement des plateformes sous les pieds des prisonniers.

Introduction

Aujourd'hui, le 12 mai 2024, c'est le premier anniversaire de mon retour de prison en Iran. Assis à mon bureau pour écrire cette introduction, chez moi à Paris, je pense à ceux que j'ai laissés là-bas : les plus de douze Occidentaux enlevés comme des pions dans un jeu d'échecs, et les Iraniens détenus par le régime sous des prétextes fallacieux ou juste pour avoir essayé d'exercer un peu de liberté. Je suis libre maintenant, mais beaucoup de gens, dont certains sont mes amis, croupissent encore à Machhad, la prison iranienne où j'ai passé plus de sept mois, sans aucune idée du moment où leur calvaire prendra fin.

Ceci est l'histoire de mes deux cent vingt-deux jours d'incarcération en tant qu'otage d'État en Iran. Cette histoire a commencé en octobre 2022, pendant ce qui aurait dû être un voyage de trois semaines dans le pays, lorsqu'on m'a arrêté dans la ville de Machhad, située dans le Nord-Est. C'était mon cinquième séjour en Iran, un pays que j'aimais et où je m'étais fait de nombreux amis. La culture et l'histoire de l'Iran, ainsi que sa modernité, sont extraordinaires. Quand on comprend que cet empire s'étendait autrefois de la Grèce au nord de l'Inde et à l'Égypte, on ne peut qu'admirer cette nation d'un point de vue historique et culturel. La gentillesse des habitants rappelle beaucoup celle des Irlandais. Les gens là-bas souffrent sous domination religieuse comme ce fut notre cas en Irlande au XXe siècle, mais à une tout autre échelle, bien sûr.

En tant qu'homosexuel, je savais comment le régime traitait la communauté LGBT iranienne : lorsqu'on m'a arrêté et jeté en cellule, j'étais terrifié. Je n'avais aucune idée du temps que ce cauchemar allait durer, ni si mon état physique et mental me permettrait de tenir le coup : mon compagnon de cellule français, Benjamin Brière, était là depuis plus de deux ans, après une condamnation à huit années d'emprisonnement.

Je n'ignorais pas que le système judiciaire iranien était une mascarade : les autorités pouvaient inventer n'importe quels chefs d'accusation contre moi et me condamner à ce qu'elles voulaient. Entre les murs de la prison, il leur était possible de me torturer à l'insu de tous. Personne n'était en mesure de venir à mon secours. J'espérais que, les otages d'État étant une denrée précieuse dans des transactions internationales complexes, je pourrais être épargné physiquement, mais je savais que je n'échapperais pas aux fameuses techniques psychologiques employées par les autorités iraniennes.

Comment allais-je survivre ? Je me trouvais dans l'incapacité de cacher quoi que ce soit à mes interrogateurs, car ils avaient saisi mon téléphone et mon ordinateur portable. Ils pouvaient informer d'autres détenus que j'étais gay. J'essayais de ne pas penser aux conséquences s'ils le faisaient.

Mon état de santé n'était pas au top : je suis cardiaque et séropositif. J'allais vite arriver à court de médicaments : comment mon corps réagirait-il à l'arrêt soudain de mes traitements ? Je prenais des antidépresseurs depuis des années ; sans, allais-je entièrement m'écrouler ? Et s'il y avait une nouvelle épidémie de Covid ? Le bilan en Iran pendant la pandémie avait été catastrophique, jusqu'à un quart de million de morts, un nombre qui avait été dissimulé aux citoyens.

Je songeais aussi à ceux qui m'aimaient. Mon mari Roland, à Paris, inconscient de ce qui m'arrivait. Et ma famille. Mon père m'attendait pour fêter ses quatre-vingt-dix-sept ans à Dublin le mois suivant. Il vivait seul avec une aide à domicile. (Ma sœur Caroline, comme moi, habite en France.) Nous avons tragiquement perdu mon petit frère Declan en 2006, et l'idée qu'ils voient disparaître un autre fils et frère était inconcevable. Si j'étais retenu en captivité pendant des années, mon père serait-il encore en vie à ma libération ?

Je n'ai jamais écrit de livre. Mais j'ai besoin de raconter ce que c'est que d'être un pion dans le jeu de prises d'otages de l'Iran – un jeu que l'Ouest croit comprendre et auquel il pense savoir jouer. Pendant toute la crise qui nous balayait, des représentants de la France et de l'Irlande nous ont dit, à moi et à ma famille, de ne pas faire de vagues, de peur de contrarier les Iraniens. Pourquoi se taire ? Il *fallait* contrarier les Iraniens.

Je veux faire savoir au monde ce que c'est, pour un Occidental, de se trouver dans une prison iranienne ; montrer comment le régime iranien survit à force de terreur et de mensonges. Malheureusement, je suis convaincu que d'autres innocents seront encore enlevés à l'avenir et marchandés, comme je l'ai été, dans leur sinistre jeu d'échecs humain. Il faut que les familles s'époumonent à propos de leurs proches qui languissent dans les geôles d'un des États les plus répressifs du monde, avec un taux d'exécutions surpassé seulement par la Chine.

J'implore la société d'apprendre des anciens captifs comment elle peut au mieux aider les otages et leurs familles, que ce soit pendant la détention ou après leur retour. À l'heure actuelle, rien n'est en place pour l'après. Nous devons nous démener seuls pour reconstruire notre vie, nous battre pour obtenir la moindre reconnaissance. Cela nous apparaît comme une cruelle injustice de plus. Après les souffrances endurées en Iran, celle-là est d'un autre genre – le sommeil fracassé par les cauchemars, les larmes soudaines dans la rue, un reportage télévisé qui déclenche des convulsions de terreur –, mais ce n'en est pas moins une nouvelle peine de prison.

En détention, j'ai tenu un journal, rapportant en détail tout ce que je vivais. Je ne me suis pas servi d'un crayon et de papier : je dictais mes notes en français, par le biais de mes coups de téléphone à l'ambassade de France et à Sylvie, une bonne amie dans le sud de la France. J'utilisais des abréviations et des codes. Par exemple, « 2DR » (*2 in Death Row*) signifiait qu'il y avait deux détenus en cellule qui devaient être exécutés le lendemain matin après la prière. Je savais que je ne pourrais rien emporter avec moi lors de ma libération – à supposer que je sois libéré un jour. Ce qui suit est mon récit, moment par moment, des événements de ces longs mois. En reconstituant mon journal, j'ai eu à certains égards l'impression de revivre cette épreuve au présent.

En avançant dans l'écriture de ce texte, à partir de mon arrestation et de mon interrogatoire, puis du jour où j'ai eu un vrai espoir de libération, j'ai pu recomposer mes souvenirs avec la réflexion supplémentaire qu'impose le processus de la narration. Les notes télégraphiques ont abouti à un récit des événements encore marqué par les moments et les lieux où ils se sont déroulés, mais replacé dans une perspective moins immédiate.

PREMIÈRE PARTIE

1

L'arrestation

Allongé dans mon lit froid par un soir d'hiver dans la prison centrale de Machhad, je me rappelle presque dans ses moindres détails le moment de mon arrestation, le lundi 3 octobre 2022. Mon ami Mike et moi avions fait le tour du complexe du mausolée de l'imam Reza à Machhad, la deuxième ville d'Iran, en admirant la superbe illumination des dômes et des minarets dorés, que Mike mitraillait sans relâche avec son appareil Canon. Vers 17 heures chaque jour, les lumières multicolores du complexe sont allumées et la foule des fidèles afflue pour la prière du soir. Le mausolée est la sépulture de l'imam Ali al-Reza et se trouve dans la plus grande mosquée du monde, un vaste complexe de cours, de mosquées, de musées et de bibliothèques.

Le vrai prénom de Mike est Abolfazl, mais il préfère Mike. Étant musulman chiite, quoique non pratiquant, il pouvait s'approcher plus que moi du sanctuaire – sans pour autant y pénétrer – pour prendre des photos. En regardant depuis la barrière de l'entrée, j'ai agréablement repensé à notre voyage jusque-là. Depuis mon arrivée dans le pays le 17 septembre, nous n'avions pas passé plus d'une nuit au même endroit, nous avions bougé sans arrêt. J'avais fait connaissance avec Mike en 2017, après un trek d'une semaine dans le désert central organisé par son agence, Adventure Iran. Je suis consultant en tourisme et, à mon retour en France, je l'avais contacté pour lui proposer de l'aider à lancer ses expéditions sur le marché européen. Comme j'avais déjà travaillé pour l'Office du tourisme d'Irlande à Paris, je ne manquais pas d'expérience pour vendre une destination « difficile », comme l'était l'Irlande dans les années 1970 et 1980, pendant les Troubles. Mike s'étant montré très intéressé par une collaboration, je m'étais rendu en Iran presque une fois par an pendant les quatre années suivantes. Ceci était mon cinquième séjour ; nous travaillions ensemble à mettre sur pied une version ferroviaire de la route de la soie, qui passait autrefois par Machhad.

Une fois que Mike a eu terminé de photographier le complexe superbement illuminé, nous nous sommes éloignés du mausolée pour aller nous trouver à manger, en traversant une place pavée et arborée. Nous passions devant une guérite d'agents de la circulation lorsque deux hommes se sont approchés de nous. L'un, grand et gros avec des lunettes, portait des vêtements bas de gamme, négligés ; l'autre, petit, arborait un veston bien coupé. En les voyant venir vers nous d'un pas décidé, je n'ai pas pu m'empêcher de songer au duo comique formé par Laurel et Hardy.

Les événements qui ont suivi, je les ai repassés un nombre incalculable de fois dans ma tête depuis mon arrivée en prison.

Le petit nous a montré un badge et nous a demandé de le suivre. Pendant que nous leur emboîtions le pas, Mike m'a glissé à l'oreille qu'ils appartenaient à un organisme de sécurité de l'État. J'avais un peu d'appréhension, car c'était la première fois de tous mes séjours en Iran que je me faisais arrêter. Je ne me suis pas inquiété tout de suite, habitué comme je l'étais à la violence et à l'intensité des manifs en France, mais en suivant les deux hommes, j'ai commencé à sentir monter une angoisse : entre les récentes manifestations consécutives au décès de Masha Jîna Amini aux mains de la police des mœurs, Mike avec son gros appareil photo et la rareté des touristes étrangers à Machhad, nous ne pouvions qu'attirer l'attention.

Nous nous sommes arrêtés près des arbres, à l'écart de l'agitation des rues, et les hommes nous ont ordonné de nous asseoir sur un muret. Ils ont commencé à questionner Mike sur son appareil et sur ses raisons de prendre des photos. Le gros, Hardy, s'est installé à côté de lui pendant que Laurel passait des coups de fil sur un petit portable de type Nokia. Ils ont demandé à voir nos papiers, et je leur ai donné mes passeports irlandais et français. Mike leur a tendu sa carte d'identité iranienne.

Laurel, le petit en veston, s'est écarté un peu pour parler au téléphone, mes passeports et la carte d'identité de Mike à la main, pendant que Hardy s'entretenait avec Mike. Les deux étaient polis et aimables, comme presque tous les personnages officiels que nous avions rencontrés en Iran. J'imaginais qu'ils nous laisseraient bientôt repartir, assurés que nous n'étions que d'inoffensifs touristes. Je supposais toutefois qu'ils étaient armés.

Au bout de quelques minutes, Laurel est revenu nous demander nos portables. Et il a disparu avec. Pour la première fois, Mike a eu l'air vraiment inquiet. Nous avons attendu sans un mot. Les quelques passants semblaient éviter de regarder dans notre direction.

Je commençais à me faire du souci. Mon téléphone contenait beaucoup d'informations que je ne tenais pas à partager avec les autorités. Je n'avais rien à cacher, mais ma vie privée se trouvait dans cet appareil, et je ne pouvais pas empêcher les forces de l'ordre d'y accéder. Détail crucial, il n'y avait aucune photographie de la manifestation que nous avions vue à Tabriz, dans le nord-ouest du pays : c'était un soulagement, car de tels clichés auraient pu être interprétés comme un soutien au mouvement. En revanche, il y avait des images d'une mosquée incendiée à Racht, sur la mer Caspienne ; une photo de deux policiers prise depuis notre chambre d'hôtel à Tabriz ; et une courte vidéo faite à Tabriz également, juste avant que Mike et moi ayons aperçu les manifestants. Pour couronner le tout, pas moyen de savoir à quelle faction des autorités appartenaient les deux hommes. Faisaient-ils partie de la Force de l'ordre ou du CGRI ? S'ils étaient des gardiens de la révolution, nous étions dans le pétrin. Ce groupe était placé sous le contrôle direct du guide suprême Ali Khamenei, et connu pour sa répression violente du mouvement protestataire en cours.

Au bout d'une vingtaine de minutes, Laurel est réapparu flanqué de deux individus. Un grand, bien vêtu, avec un masque chirurgical et des lunettes ; quoique poli, celui-ci a refusé de me donner son nom, si bien que dans ma tête je l'ai baptisé George. Et son jeune acolyte, lequel arborait un masque noir de la base du cou aux narines, des baskets à la mode, un jean noir et une veste noire. Tous deux palpaient sans arrêt leurs vestes, et l'idée m'a frappé qu'ils étaient probablement armés ; mais comme je vis en France, où tous les policiers portent une arme, ça ne m'a pas alarmé outre mesure.

George parlait français et anglais. Il m'a demandé ce que je faisais à Machhad. Je lui ai expliqué que nous avions voulu voir le mausolée parce que c'est un des sites les plus célèbres d'Iran. J'ai précisé que c'était mon cinquième séjour dans le pays et que, en compagnie de Mike, j'avais visité les provinces du Nord, de la frontière turque à Machhad. Il a ensuite demandé les codes d'accès à nos téléphones, que nous lui avons communiqués. J'imaginais bien que, si je refusais, il ferait pression sur Mike pour que celui-ci me persuade de donner le mien. De toute manière, me disais-je, les services de sécurité iraniens disposaient certainement de la technologie nécessaire pour entrer dans mon mobile et mon ordinateur.

George s'est éloigné en parlant dans son petit portable. Il avait aussi un smartphone, mais je pense que celui-là était son téléphone personnel. Au bout d'un moment, il est revenu me demander si j'avais pris des photos des manifs. J'ai répondu par la négative. Pendant ce temps, son acolyte avait baissé son masque et ouvert sa veste. D'une poche intérieure dépassait un sachet transparent qui contenait des liens en plastique noirs. J'ai senti mon cœur se soulever.

George s'est à nouveau éloigné un moment avant de revenir, sans nos téléphones mais avec nos papiers. Il a déclaré qu'ils avaient à nous parler encore un peu dans un lieu situé à proximité. Il m'a dit de ne pas m'inquiéter, qu'il n'y en avait pas pour longtemps. Je n'avais pas le choix. Nous sommes partis tous les six et avons descendu quelques marches pour rejoindre une rue pleine de caravansérails, ces auberges de voyageurs qui remontent à l'époque de la route de la soie. Nous avons marché environ cinq minutes en silence. Je me demandais quoi faire. Devais-je leur demander de me laisser contacter les ambassades d'Irlande et de France ? Peut-être allions-nous quelque part pour remplir des formalités administratives qui ne pouvaient pas être réglées dans la rue ? Ils comprendraient sans doute, alors, que j'étais dans le pays pour en faire la promotion, pas pour le dénigrer.

George a ouvert la porte d'un immeuble moderne. Nous sommes montés au premier étage, croisant un homme qui descendait avec un plateau de thé et qui nous a salués d'un « *salaam* » (comme il est de mise en Iran). Nous avons dû retirer nos chaussures avant de pénétrer dans une vaste pièce au sol couvert de tapis de prière verts. Les murs étaient garnis de bibliothèques, de photos de l'ayatollah Khomeini et du guide suprême Ali Khamenei, ainsi que de passages du Coran encadrés.

Tout le monde est entré, en chaussettes, sauf l'acolyte au look branché. J'ai commencé à regarder les livres, mais Mike m'a pressé de m'asseoir sur une des chaises alignées le long du mur. Il semblait très inquiet et pessimiste. George a pris un siège derrière un bureau tandis que Hardy s'installait avec nous. Laurel a passé presque tout son temps à parler au téléphone en marchant de long en large. Une pendule au mur indiquait qu'il était près de 21 heures : nous étions déjà en détention depuis presque trois heures. J'avais encore l'espoir que tout cela se termine bientôt et que nous puissions aller dîner avant de regagner l'appartement du père de Mike, où nous avions prévu de dormir cette nuit-là.

Puis George m'a demandé de sortir attendre dans l'escalier. L'acolyte m'a escorté pour me surveiller. Je me suis assis sur une marche. Il faisait chaud et étouffant ; pas une fenêtre ouverte. Aucun bruit ne me provenait de la rue. La porte de la grande salle était entrebâillée, et j'entendais Mike répondre calmement aux questions de George en farsi. Puis nous avons échangé nos places : Mike m'a lancé un regard angoissé en me croisant dans l'escalier. Il est resté debout pendant mon interrogatoire. En français, George m'a dit de ne pas avoir peur : tout serait bientôt arrangé. Il m'a questionné sur mes quatre séjours précédents en Iran, sur mon travail, sur ma famille en France et en Irlande. Il m'a demandé ce que je pensais de l'Iran. J'ai expliqué que j'étais un grand admirateur de son pays et que j'aimais beaucoup rencontrer des Iraniens. Cependant, en moi-même, je me disais que ces questions personnelles n'annonçaient rien de bon. Nos chances d'être bientôt relâchés étaient peut-être en train de s'éloigner.

Mike a été rappelé, et moi relégué une fois de plus dans l'escalier. J'ai demandé à l'acolyte si je pouvais aller aux toilettes, et il m'y a emmené, au sous-sol. Tout était moderne et propre. Je ne flairais qu'une odeur de détergent. J'ai aperçu d'autres hommes qui attendaient à l'entrée de l'immeuble. Quand je suis remonté, l'acolyte m'a proposé un thé, que j'ai accepté, mais je commençais aussi à avoir faim. On ne m'a rien proposé à manger.

Ensuite, j'ai été questionné seul sur les photos qu'ils avaient trouvées dans mon iPhone. Un homme que je n'avais encore jamais vu est entré dans la salle avec mon Mac et mon iPad. Cela signifiait que nos ravisseurs s'étaient rendus chez le père de Mike et avaient fouillé l'appartement. La situation devenait grave. Quand cela se terminerait-il ?

Une fois de plus, on m'a fait sortir et on a fait rentrer Mike, ce coup-ci pour un interrogatoire plus long. Puis cela a de nouveau été mon tour. À la fin, George m'a dit que nous allions tous les deux être emmenés ailleurs. J'avais vraiment peur, à présent, j'en avais des sueurs froides. Qu'est-ce qui allait m'arriver ?

Un autre individu est entré avec un sac noir, d'où il a extrait un appareil photo qu'il a installé pour nous tirer le portrait. On m'a demandé de lui donner mon nom, ma date de naissance et mon adresse. Puis il a sorti des formulaires et un tampon encreur, et a pris mes empreintes digitales. J'ai dû leur remettre le contenu de mes poches. George et un autre ont tout examiné et rempli un bordereau. George a noté les numéros de mes cartes Visa et American Express, et celui de ma carte iranienne, ainsi que le montant que j'avais sur moi en liquide, environ sept cents euros et quelques rials. J'ai été contraint de demeurer assis sur une chaise contre le mur pendant qu'ils faisaient de même avec Mike.

Nous ne pouvions pas parler entre nous car la largeur de la salle nous séparait. Je suis resté à le regarder avec une certaine rancœur, la tête pleine de questions. Pourquoi avait-il fallu qu'il photographie la mosquée avec un appareil si gros, si peu discret ? Si nous avions eu l'air de simples promeneurs, nous n'aurions peut-être pas été arrêtés. Étions-nous suivis depuis notre arrivée à Machhad, ou seulement ce soir-là ? Pourquoi Mike ne parvenait-il pas à nous tirer de ce guêpier comme il l'avait fait jusque-là ? Je frissonnais malgré la chaleur dans cette salle étouffante. Puis tout le monde est parti, sauf Laurel et Hardy.

George est revenu avec son acolyte, qui avait retiré sa veste. Il a annoncé que nous allions être conduits ailleurs. Mike a été emmené en premier. On m'a dit que je le rejoindrais sous peu. J'ai dû attendre un moment avant qu'on me fasse remettre mes chaussures dans l'escalier. Je n'imaginais pas un instant que je ne reverrais plus jamais Mike.

Quand je suis sorti dans la rue, mon ami n'y était pas : juste une vieille Peugeot avec deux inconnus assis à l'avant. On m'a mis tout seul à l'arrière. Les deux portières ont été verrouillées avant que nous démarrions. Mon cœur battait comme un tambour. J'avais perdu mon dernier contact familier et j'étais désormais complètement isolé, sans aucun moyen de joindre quiconque. George m'avait menti en me disant que tout allait s'arranger.

2

La détention

La voiture avançait lentement, interminablement, dans les rues et les ruelles étroites. Ma situation m'inquiétait, mais pas plus que ça : j'avais déjà connu des endroits plus dangereux, comme la frontière entre l'Ouganda et le Rwanda, où un jeune homme muni d'une mitraillette et d'un grand couteau m'avait arrêté sur une route déserte. Ici au moins, je savais que je n'étais pas physiquement en danger. Pendant le trajet, le nombre de boutiques de vêtements pour femmes et la quantité de lingerie en vitrine m'ont étonné. J'avais déjà remarqué ça dans de grandes villes iraniennes comme Shiraz, Tabriz ou Ispahan, mais jamais à cette échelle. Machhad avait beau être réputée comme une des cités les plus conservatrices du pays, je n'ignorais pas que pour les musulmans chiites c'était aussi la capitale de la prostitution dans toute l'Asie centrale et le Moyen-Orient. La prostitution y est institutionnalisée et simple : un homme va simplement voir un religieux et se « marie » pour vingt-quatre heures à la femme avec qui il veut passer un moment. Cette juxtaposition de la religion et du vice résume parfaitement le fonctionnement de Machhad.

J'ai songé à mon mari en France. Roland m'avait dit qu'il ne mettrait jamais les pieds dans cette ville après avoir lu *L'Araignée de Mashhad*, une bande dessinée de Mana Neyestani qui raconte l'histoire vraie de Said Hanaï, un tueur en série et religieux fervent au début des années 2000. Neyestani montre bien le degré de conservatisme de la population de Machhad, exprimé par l'intolérance envers les prostituées assassinées par Hanaï. Une fraction importante de la société a même manifesté pour sa défense, ses actes étant vus comme vertueux.

Mon milieu catholique irlandais et mon éducation ont très tôt fait de moi un athée et un humaniste convaincu. À partir de mes quatre ans, j'ai été élevé par les frères de La Salle, qui m'ont battu dès le début – surtout les profs de maths et d'irlandais, parce que j'étais nul dans ces deux matières. Il est arrivé qu'on me tire par l'oreille jusqu'à une classe de niveau inférieur pour m'humilier devant les élèves. Cela a continué jusqu'à la fin du lycée. À dix-sept ans, quelques mois avant mon départ pour l'université, j'ai été fouetté par le proviseur avec sa lanière en cuir (renforcée de métal) pour n'avoir pas accroché mon anorak au vestiaire.

Mais malgré ma méfiance envers les religions organisées, la culture iranienne en général était une chose que Roland et moi embrassions de tout cœur. Roland, psychologue clinicien qui travaille avec les enfants, est aussi voyageur que moi. En 2020, nous sommes allés en Iran, comme nous l'avions déjà fait auparavant, mais cette fois pour essayer de développer des séjours qui mettraient davantage les visiteurs en contact avec les habitants et avec la culture locale. Nous avions notamment eu l'idée d'un voyage culinaire dont les participants seraient mis en relation avec une Iranienne sur place pour apprendre une recette traditionnelle. Ils iraient au marché en sa compagnie, puis rentreraient chez elle pour préparer un repas et le déguster. Nos recherches nous avaient éloignés des sentiers battus et nous avions rencontré quantité de femmes qui nous racontaient combien la vie était compliquée pour elles. Je ne suis pas certain que les gens, en Occident, comprennent à quel point le quotidien peut être difficile pour beaucoup d'Iraniennes : par exemple, elles doivent demander la permission de leur mari pour travailler ou pour se rendre à l'étranger. Elles peuvent étudier le droit, mais pas devenir juges. En 2012, les universités ont interdit aux femmes plus de quatre-vingts cursus. La liste comprenait les sciences de l'ingénieur, la physique nucléaire, l'informatique, l'archéologie, le commerce. Les voyages culinaires ont finalement dû être ajournés à cause du Covid.

Toutes ces pensées me sont passées en tête tandis que nous roulions. Au bout d'un petit moment, l'homme qui occupait le siège passager m'a tendu un bandeau et m'a dit de le mettre sur mes yeux. J'aurais pu me croire dans un film d'espionnage dont le héros – moi, en l'occurrence – se fait prendre. C'était la première fois de ma vie que quelqu'un me demandait de me bander les yeux. L'homme a ensuite vérifié que le bandeau était bien placé et que je ne voyais vraiment rien. Mes autres sens en ont aussitôt été rehaussés. Je percevais le bruit des gens dans la rue et la circulation. Nous avons roulé pendant encore vingt minutes. Je les ai décomptées dans ma tête.

Enfin, la voiture a ralenti et j'ai entendu un portail qui pivotait. Puis des voix. La portière s'est ouverte et on m'a aidé à descendre. J'ai senti du gravier sous mes semelles. Puis j'ai entendu prononcer mon nom. « Phelan, Bernard. Père, Vincent. » Comme j'allais le découvrir, c'était ainsi que les détenus iraniens étaient identifiés, parce qu'il y avait trop d'homonymes dans le pays.

Le chauffeur m'a fait entrer dans un bâtiment et quelqu'un a retiré le bandeau de mes yeux. La lumière vive dans cette pièce sans fenêtre m'a ébloui. Les locaux étaient modernes et propres. Aux murs, les éternels portraits du guide suprême, Khamenei, et du président, Ebrahim Raïssi.

Le chauffeur a tendu une liasse de papiers à l'homme assis derrière le bureau. On m'a fait « signer » une pile de formulaires avec l'empreinte de mon doigt. Je n'ai pas résisté parce qu'il ne servait à rien d'aggraver les choses. On m'a pris mes chaussures et ma ceinture, et emmené dans un couloir où une porte a été ouverte. On m'a donné une couverture. Puis le clapet métallique a claqué derrière moi. Je me trouvais dans une grande cellule. Dans un coin, un jeune homme en jean et chemise blanche était assis par terre. Alors que je m'approchais de lui pour lui parler, la porte s'est rouverte et des gardiens, équipés de masques anti-Covid, m'ont dit en anglais de ressortir. On m'a conduit dans une autre cellule, bien plus petite, où deux hommes étaient assis par terre. Je ne sais pas bien pourquoi on m'a déplacé si vite. Une fois dans la nouvelle cellule, je suis allé tout droit aux toilettes, dissimulées derrière un mur bas avec un portillon. Il y avait un lavabo dans un coin où j'ai pu me laver un peu.

Ensuite, j'ai salué mes compagnons de détention. Ces derniers ont levé la tête mais n'ont pas souri. Ils étaient iraniens. L'un d'eux parlait anglais, il travaillait dans les télécommunications. L'autre, m'a-t-il dit, était étudiant, mais il ne parlait pas anglais. Quand je leur ai demandé pourquoi ils étaient en prison, tous deux ont levé le poing : c'étaient des manifestants, donc hostiles au régime.

Tout à coup, la porte s'est rouverte et les deux Iraniens ont été emmenés. Je me suis demandé si les gardes nous avaient entendus : ils n'avaient peut-être pas apprécié que nous parlions en anglais. Je suis resté seul dans la cellule, qui devait mesurer quatre mètres carrés. Il y avait une petite fenêtre tout en haut du mur, à droite de la porte. Au bout d'un moment, l'un des deux clapets métalliques, celui du bas, s'est ouvert, et on m'a tendu un plateau-repas avec une tasse de thé et une petite bouteille d'eau minérale. J'étais affamé, et j'ai englouti le riz et le ragoût tièdes.

Il devait être très tard ; j'étais épuisé physiquement comme mentalement. La cellule n'ayant ni lit ni matelas, je me suis roulé en boule par terre, j'ai tiré la couverture par-dessus ma tête et j'ai essayé de dormir. La ventilation au bruit de vieux lave-linge en mode essorage et la lumière puissante du plafonnier me faisaient l'effet de pénétrer entièrement mes sens. Impossible de trouver le sommeil. Il y avait une caméra de surveillance dans l'angle de deux des murs. Ces caméras allaient devenir une constante dans ma vie pour les temps à venir.

Pendant la nuit, j'ai entendu des voix dans le couloir et le claquement soudain d'une porte de cellule qu'on ouvrait. Il y a eu des cris, suivis par des bruits de coups assenés avec quelque chose. Un bâton, ou peut-être une matraque ? Toutes les deux ou trois secondes, un cri. Une voix grave répliquait par d'autres cris, il y avait des grognements, et les coups continuaient. J'ai appuyé mes mains contre mes oreilles pour ne plus rien entendre, mais c'était peine perdue : les plaintes et les hurlements m'emplissaient la tête. Était-ce l'un des deux hommes qui avaient été sortis de ma cellule ? Je nageais en plein cauchemar. Qu'est-ce que j'allais devenir ?

Le haut-parleur installé dans la cellule a commencé à diffuser l'appel à la prière, qui durait environ cinq minutes. Donc, me suis-je dit, on devait être tôt le matin. Je n'avais pas fermé l'œil. Je n'arrêtais pas de penser que j'étais dans un mauvais rêve et que j'allais me réveiller chez moi, à Paris. Ou que les autorités avaient commis une terrible erreur et ne tarderaient pas à venir me libérer avec de plates excuses. Comment prévenir mes proches, mes amis ? Roland et ma famille allaient s'inquiéter si je ratais mon avion pour rentrer, dans une semaine. Ils devaient déjà s'étonner de ne pas avoir de mes nouvelles depuis environ cinq jours, mais, raisonnais-je, les interférences de l'État rendaient Internet très instable en Iran, et ils pouvaient supposer que c'était dû à un simple problème de communication. Peut-être allaient-ils craindre un accident de voiture : l'Iran a l'un des pires bilans routiers au monde. Et mes médicaments ? J'en prends six différents quotidiennement, dont certains sont indispensables à ma santé. À mon arrivée au centre de détention, j'avais de quoi tenir encore les quelques jours qu'il me restait à passer en Iran. Après, je savais que je serais en grave danger. Ce qui me tracassait le plus était d'être privé de celui qui réduisait le risque d'AVC et de dépression. J'avais traversé un grave épisode dépressif dix ans plus tôt, qui m'avait valu d'être hospitalisé trois mois. Le crâne empli de ces pensées, j'ai à nouveau tiré la couverture sur ma tête et essayé de dormir.

3

Rien à cacher

J'ai dû finir par sombrer cette nuit-là, car j'ai été réveillé par un coup frappé à la porte, après quoi le guichet du bas s'est ouvert sur un gobelet en plastique rempli de thé, du pain et du fromage. Une fois que j'ai eu fini de manger, je me suis débarbouillé tant bien que mal au lavabo. Il n'y avait ni eau chaude, ni savon, ni brosse à dents.

Plus tard, le guichet s'est rouvert et on m'a passé un bandeau pour mes yeux. Puis on m'a dit de tendre les mains à travers la porte pour être menotté. Les yeux bandés, j'ai entendu le clapet s'ouvrir, et une main sur mon épaule m'a poussé le long d'un couloir puis, m'a-t-il semblé, dans une pièce. On m'a donné une chaise et demandé, en français, d'enlever le bandeau. Les menottes ont ensuite été retirées.

Devant moi se tenait George, tout sourire. Il m'a dit, en français également, de ne pas m'en faire : tout serait très vite arrangé. J'ai réussi à rire et répondu que, jusque-là, ce qui s'était produit m'avait fait penser le contraire. Une caméra sur trépied, à sa gauche, filmait notre échange. Tout en haut du mur, derrière mon interrogateur, une petite fenêtre montrait un rectangle de ciel bleu.

George m'a demandé les mots de passe de mon ordinateur portable et de mon iPad. Je les lui ai donnés, me disant que refuser de coopérer n'allait pas m'aider. Et après tout je n'avais rien à cacher, à part ma vie privée.

Il m'a interrogé sur mes précédents séjours en Iran : où j'étais allé, qui j'avais rencontré, ce que j'avais vu. J'ai décidé de raconter la vérité. Mentir aurait été trop compliqué, et de toute manière, ils pouvaient tout vérifier sur mon ordinateur et mon téléphone. Ma seule crainte était d'attirer des ennuis à mes amis iraniens.

D'abord, j'ai dit à George que Mike et moi avions été pris sans le vouloir dans une manifestation à Tabriz. En sortant de l'immense bazar – un site classé à l'UNESCO et une étape importante de la route de la soie – après déjeuner, nous avions vu plusieurs attroupements dehors. Une odeur de gaz lacrymogène flottait dans l'air et les voitures klaxonnaient. Quelques commerçants descendaient leur rideau de fer. Nous avions rassemblé nos affaires et pris la direction de la rue Jomhouri Eslami, une large artère qui divise la ville en deux, pour chercher un taxi. Nous n'étions pas allés loin : les manifestants affrontaient les forces de l'ordre juste à cet endroit. Une passerelle pour piétons enjambait l'avenue, et des jeunes postés dessus lançaient des projectiles sur les policiers en dessous. Des coups de feu résonnaient au loin.

À ce moment-là, j'ai fait une vidéo avec mon téléphone, l'objectif tourné vers le sol, pendant que nous repartions vers l'office du tourisme. Je savais que cela pourrait poser problème si je me faisais prendre, mais j'étais curieux et je voulais montrer ce qui se passait à mes amis chez moi. Une fois parvenus à destination, nous avons attendu sur le seuil et vu passer les manifestants, suivis par les policiers, dont certains à moto. Le patron de l'office du tourisme nous a indiqué une station de métro à courte distance et nous a expliqué comment y aller. La rue Jomhouri Eslami était jonchée de pierres. Plus loin, on apercevait encore les manifestants poursuivis par les forces de l'ordre. Il n'y avait aucun uniforme et aucun véhicule de police, rien que des voitures banalisées et des motards, les plaques minéralogiques masquées, tous armés.

Mike et moi avons traversé en courant et filé vers le sud pour rejoindre le métro. Au premier carrefour à notre droite, nous avons vu des jeunes se faire emmener à moto par des policiers en civil. Il y en avait jusqu'à trois par engin ! C'était tentant de prendre une photo, mais trop risqué. Nous avons attendu un peu que la foule se disperse.

Nous avons continué d'avancer dans la rue bordée de boutiques – dont beaucoup avaient le rideau baissé – et fini par atteindre une grande place. La station de métro Shahid Mohaqqeqi se trouvait à l'autre bout. Devant nous, c'était le chaos absolu : des gens criaient et couraient partout. L'air était chargé d'une odeur de fumée et de lacrymo, et un coup de feu résonnait de temps en temps. Je ne sais pas trop si les services de sécurité iraniens prenaient la peine d'employer des balles en caoutchouc. De l'autre côté de la place jonchée de briques, un véhicule – van ou minibus – flambait.

Mike et moi avons décidé de courir jusqu'à la station. Alors que nous traversions la place à toutes jambes, une femme nous a crié que le métro était fermé. Demi-tour : nous avons regagné le bord de la place et attendu devant un magasin sans trop savoir quoi faire. Soudain, la porte s'est ouverte et quelqu'un nous a invités à entrer dans la petite boutique. On nous a donné des sièges et du thé tandis que dehors les gens couraient toujours en tous sens. Autour de nous, les hommes continuaient de travailler : nous étions chez un grossiste en appareils électriques. Nous avons attendu près d'une heure que les choses se calment, après quoi le patron nous a dit qu'il allait nous accompagner jusqu'à un taxi. Je crois que nous avons dû marcher presque une demi-heure avant d'atteindre une grande artère où l'aimable commerçant a enfin pu arrêter une voiture pour nous ramener à notre hôtel.

Là-bas, tout était normal, mais depuis notre chambre au septième étage nous entendions encore un coup de feu ici et là. Tout à coup, j'ai repéré ce qui ressemblait à des policiers anti-émeutes qui entraient dans le parking sous nos fenêtres et s'y garaient. Ils avaient quelque chose écrit dans le dos, mais je ne distinguais pas quoi. J'ai pris quelques photos dans le noir de deux policiers dans la rue, en bas.

En contant cette histoire à George, j'ai bien insisté sur le fait que je n'avais photographié ni les manifestants ni les forces de l'ordre présentes à la manif. Il n'a fait aucun commentaire, se contentant de prendre des notes.

La photo problématique suivante, dans mon téléphone, avait été prise dans la ville d'Oroumieh, à cent cinquante kilomètres à l'ouest de Tabriz. Nous étions dans un bar à jus lorsque soudain des hommes en veste militaire, casqués et armés de matraques, avaient commencé à défiler dans la rue, menés par des jeunes en civil. Certains de ces jeunes étaient en jean ou en pantalon de survêtement et baskets.

Ils avaient aussi la bouche couverte d'un foulard ou d'un masque anti-Covid – pour ne pas être reconnus, j'imagine. Ils s'étaient arrêtés et placés à espaces réguliers le long de la chaussée. J'avais réussi à prendre une photo depuis le seuil du bar. Nous devinions qu'une manif était prévue et que ceci était le comité d'accueil. Mike et moi avions traversé devant eux pour rejoindre notre hôtel de l'autre côté de la rue. Plus tard dans la soirée, quand nous étions ressortis pour manger, il n'y avait plus trace de ces jeunes ni de la manifestation.

Enfin, j'avais quelques photographies d'une soirée passée à Gonbad-e Qabous, à environ cinq cents kilomètres au nord-est de Téhéran. Nous nous étions arrêtés pour boire quelque chose près du célèbre monument de la ville : une tour de soixante et un mètres au toit conique qui abrite la dépouille du dirigeant Qabous. Devant l'entrée du parc qui entoure la tour étaient garées plusieurs motos, exactement semblables à celles que j'avais vu utiliser par les services de sécurité à Tabriz. Là encore, les immatriculations étaient masquées par d'épaisses plaques en métal noir. En regagnant la voiture, j'avais pris quelques photos des engins.

Georges a alors commencé à me questionner sur ma vie privée.

« Vous êtes marié ? m'a-t-il demandé.

— Oui.

— Comment s'appelle votre femme ?

— Roland Bonello », ai-je répondu sans autre précision.

George m'a regardé vivement.

« C'est un nom masculin, ça.

— Oui. Le mariage entre personnes du même sexe est autorisé dans la plupart des pays d'Europe. »

J'espérais que c'était la réponse qu'il attendait.

« Vous avez des enfants ?

— Non.

— Pourquoi n'avez-vous pas adopté ?

— Oh, je suis trop vieux pour ça. »

Il s'est ensuivi une discussion sur l'âge idéal pour avoir des enfants.

Sur ce, on m'a remmené en cellule, menotté et les yeux bandés. J'avais peur, mais je ne pouvais rien y faire. Alors, par ennui, j'ai grimpé sur le muret qui entourait les toilettes pour voir si je pouvais apercevoir quelque chose par la fenêtre. Que n'avais-je pas fait là ! Les gardiens, qui m'avaient repéré sur leurs écrans de télésurveillance, sont venus, masqués, me dire à travers le guichet de descendre.

Plus tard, j'ai commencé à triturer discrètement les gonds du portillon qui séparait les toilettes du reste de la cellule. J'ai jeté les vis dans la cuvette. Savoir que le prochain visiteur aurait une surprise et que les autorités « s'amuseraient » à réparer m'a fait sourire : j'ai tendance à ruer dans les brancards quand on me met la pression.

Au bout d'un moment, un gardien est venu à la porte avec mon ordinateur portable. Selon lui, le mot de passe que j'avais indiqué ne fonctionnait pas. Je l'ai tapé directement à travers le guichet pour lui montrer que je n'avais pas menti. Il est parti, mais est revenu quelques minutes plus tard me dire que ça ne marchait toujours pas. Il m'a passé un téléphone portable. George était au bout du fil. « Écoutez, ai-je lancé, je vous ai donné tous les bons mots de passe : ce n'est pas ma faute si vous n'arrivez pas à entrer dans mon Mac. Je vous débloque l'ordinateur encore une fois, et après vous pourrez aller vous faire voir. » Je savais que je prenais un risque en me montrant aussi brusque avec eux, mais ça a marché. Ils ne m'ont plus embêté avec ça.

On m'a encore extrait de ma cellule, mais cette fois, quand le bandeau a été retiré de devant mes yeux, je me trouvais dans une petite pièce moquettée. Un homme était assis derrière un bureau, un registre ouvert devant lui. À sa gauche étaient installés trois autres hommes, dont George, au milieu, toujours souriant. Un cinquième, en costard bleu vif, était assis devant un calepin ouvert sur le bureau. Ils étaient tous en chaussettes, comme moi.

George a expliqué que le type au registre était juge et que mon arrestation allait être formalisée.

« Je veux parler à mon ambassade, ai-je déclaré. Je ne signerai rien. »

Sans se départir de son sourire, George a lâché : « Donc vous ne coopérez pas. »

Là, j'ai perdu mon calme. « Écoutez, vos crétins de collègues ont été incapables d'ouvrir mon ordinateur avec le bon mot de passe, que je vous ai donné je ne sais combien de fois ! » Les autres ont demandé à George de traduire, ce qu'il a fait : ils ont haussé les épaules. Le plus âgé de la pièce, avec un petit sourire, m'a proposé une bouteille d'eau. Après encore des palabres, un document a été posé devant moi et on m'a tendu un stylo. Ils me regardaient fixement, attendant que je signe. J'ai croisé les bras et secoué la tête sans rien dire. Je transpirais à présent – sans bien savoir si c'était de peur ou à cause de l'air étouffant dans cette pièce.

« Écoutez, m'a dit George. Votre situation va empirer si vous ne signez pas.

— Elle n’est déjà pas terrible », ai-je commenté.

Au bout d’une heure environ, ils ont renoncé et on m’a remmené en cellule, toujours menotté et les yeux bandés.

4

Ne vous inquiétez pas

Mesurer le passage du temps n'était pas facile, mais à ce stade je devinais que vingt-quatre heures environ s'étaient écoulées. Alors que le ciel s'assombrissait dehors, le bruit d'un gros véhicule diesel entrant dans le complexe m'est parvenu. Il m'a semblé qu'il faisait une manœuvre et qu'il s'arrêtait, mais le moteur a continué de tourner. Après un long intervalle, j'ai entendu des pas devant la porte de ma cellule et un gardien a fait passer un bandeau par le guichet du bas. Quand j'ai tendu mes mains pour qu'on me mette les menottes, ce sont des liens en plastique qui ont été serrés autour de mes poignets. On m'a sorti et fait longer un couloir. Il y avait beaucoup de voix et de mouvement autour de moi. Quelqu'un me tenait par l'épaule. On a appelé mon nom et le bandeau a été retiré de mes yeux. On m'a demandé d'appliquer mes empreintes digitales sur un formulaire, et rendu mes chaussures et ma ceinture, après quoi on m'a remis le bandeau, ainsi qu'une nouvelle paire de menottes. Une porte a été ouverte et un air plus frais a frappé mon visage avant qu'on me fasse monter dans le véhicule arrivé un peu plus tôt. C'était un car ou un minibus, m'a-t-il semblé. On m'a fait avancer dans l'allée centrale et asseoir avec un gardien à côté de moi. Il avait une sorte de gadget électronique qui passait des messages préenregistrés en anglais, avec un étrange son métallique, comme un robot dans un film des années 1980. Il l'a approché de mon oreille, et j'ai entendu : « Ne vous inquiétez pas, tout sera bientôt arrangé » et « Nous sommes là pour prendre soin de vous ». J'ai éclaté d'un rire nerveux.

Je percevais des bruits et des vibrations : c'étaient des gens qui montaient à bord. Personne ne disait mot. L'odeur du diesel emplissait le véhicule. Nous avons roulé sur du gravier puis sur un dos-d'âne et cheminé pendant environ une demi-heure, après quoi le véhicule a ralenti et le moteur s'est arrêté. Un gardien m'a fait descendre ; nous avons marché sur quelques mètres et pénétré dans un bâtiment. Mon bandeau a été retiré, mes menottes en plastique coupées. J'étais dans une petite salle de détention avec trois ou quatre gardiens. On a appelé mon nom et j'ai encore apposé mes empreintes sur un formulaire.

On m'a emmené dans une pièce exiguë qui devait être prévue pour les rencontres entre les détenus et leurs familles, comme l'indiquaient le miroir sans tain et le combiné de téléphone sur une étagère. Je me suis demandé qui était de l'autre côté. On m'a donné une veste bleue, un pantalon assorti et une paire de claquettes en plastique. Je me suis changé et j'ai tendu mes vêtements par la porte. Le bandeau et les menottes m'ont été remis. Je me retrouvais donc en uniforme de prisonnier. J'étais trop épuisé pour réfléchir à cette nouvelle étape sur le chemin de l'incarcération, mais ça me faisait quand même un drôle d'effet.

On m'a fait sortir et on m'a guidé dans un couloir qui montait doucement. J'ai entendu une porte métallique s'ouvrir, et on m'a poussé pour que je franchisse une marche. Le clapet a claqué derrière moi. Silence. Puis l'ouverture du guichet du bas. Une fois de plus, j'ai retiré mon bandeau et je l'ai tendu à travers, puis j'ai fait de même avec mes mains pour qu'on me retire les menottes.

Cette nouvelle cellule était vaste, moderne, très haute de plafond. Elle comprenait une pièce séparée pour les toilettes et le lavabo en pierre. La cellule était en L, longue d'environ six mètres et large de quatre. Une caméra était installée en hauteur, ainsi qu'un haut-parleur. À gauche de la porte, il y avait un Interphone avec un bouton. Là encore, pas de lit, mais deux couvertures bleues pliées dans un coin. En plus de l'éclairage très vif, deux grosses ventilations tournaient à grand bruit au-dessus de la porte.

Peu après, le guichet du bas s'est ouvert et un plateau-repas avec un gobelet en plastique rempli de thé est arrivé. Je me suis assis dans l'angle opposé à la porte pour manger, cette fois du riz avec des morceaux de poulet. Je pensais être détenu depuis quelques jours : ce n'était pas facile d'en tenir un compte précis ni d'estimer le temps qui s'était écoulé, même avec le haut-parleur qui transmettait régulièrement les appels à la prière. Je songeais sans cesse à ma famille en France et en Irlande, m'interrogeant sur la façon dont ils allaient prendre la nouvelle de mon arrestation. Roland, avant mon départ, m'avait demandé si j'étais bien sûr de vouloir partir pour l'Iran alors que le mouvement protestataire prenait de l'ampleur. J'avais rétorqué que ce n'était pas la première fois qu'il y avait des manifestations violentes dans certaines zones du pays. Il m'avait recommandé d'être prudent, et fait remarquer que je serais peut-être témoin de l'histoire en marche. S'il avait su.

Mon repas terminé, j'ai plié une couverture pour m'en faire un matelas sur le sol dur, puis j'ai étalé l'autre sur moi en essayant de bloquer la lumière et le bruit. L'uniforme et la couverture me tenaient trop chaud, et tout était inconfortable. Entre le bruit de la ventilation, les appels à la prière, et le raffut des portes des cellules qui s'ouvraient et se refermaient, j'ai à peine fermé l'œil. Je n'avais aucune idée de l'heure, mais quand le guichet s'est rouvert et qu'on m'a passé sur un plateau du thé, du pain, de la confiture et une cuillère en plastique, j'en ai déduit que c'était le matin. Je me suis assis dans le coin pour manger en me demandant ce qui m'attendait.

Le guichet du haut, cette fois, s'est ouvert, et un gardien masqué m'a tendu un carré de savon et une petite serviette bleue. J'ai gardé mon gobelet en plastique parce que c'était tout ce que j'avais pour me laver, à l'eau froide. Puis on m'a donné une brosse à dents, sur laquelle le gardien a appliqué un peu de dentifrice. On m'a dit qu'il fallait que je me brosse les dents tout de suite et que je rende la brosse.

Les médicaments que j'avais emportés devaient tenir jusque deux jours après la date prévue pour mon retour, le 10 octobre. D'après mes calculs, nous étions le 5. Mais mes traitements avaient été saisis avec le reste de mes effets personnels. On m'apportait mes cachets de temps en temps. J'ai eu une idée. La fois suivante, lorsque le gardien me les a fait passer et a insisté pour que je les avale devant lui, je les ai gardés sous la langue. Dès que le guichet s'est refermé, je suis allé aux toilettes, j'ai fermé la porte, je les ai recrachés dans le trou dans le sol qui faisait office de cuvette et je les ai fait disparaître à l'aide du tuyau d'arrosage. La caméra ne pouvait pas me voir. Mon plan consistait à me rendre malade en me privant de traitements, au point que les autorités devraient s'inquiéter et abréger ma détention. Je savais que le régime iranien n'avait aucune envie de restituer un Européen en pire état qu'à son arrivée.

Mon plan en place, j'ai commencé à faire les cent pas dans ma cellule en guise de gymnastique.

5

La forge d'un rebelle

Au bout d'un moment, le guichet du bas s'est rouvert, et la pantomime du bandeau et des menottes s'est répétée. On m'a emmené dans une salle où j'entendais parler, et on m'a fait asseoir. Mes menottes ont été retirées et George, dont j'ai reconnu la voix, m'a dit en français d'enlever le bandeau. Il était installé derrière un bureau. Pour ma part, j'ai constaté que j'étais juché sur une chaise avec tablette intégrée – comme celles que j'avais connues, étudiant, à l'University College Dublin. Il y avait un paravent en tissu à ma droite, avec au moins une personne assise derrière. Une caméra vidéo sur trépied était allumée pour filmer la rencontre.

« Bien, a lancé George, nous avons trouvé des choses dans votre téléphone. » Il m'a tendu un formulaire sur lequel était imprimée une photo que j'avais prise à une fête à Téhéran en 2018. « Qui sont les gens sur ce cliché ? »

Je n'allais évidemment pas lui révéler le nom complet de mes amis : j'ai juste indiqué un ou deux prénoms. Il n'a pas commenté le fait que nous buvions très clairement du vin artisanal ainsi qu'une boisson alcoolisée plus forte encore. La consommation d'alcool est prohibée en Iran, mais néanmoins très répandue. J'avais même vu des photos de raisins qu'un homme pressait à la machine au Grand Bazar de Téhéran pour obtenir du jus qui pouvait servir à faire du vin maison.

George m'a tendu un stylo. « Inscrivez un numéro à côté de chaque personne représentée et écrivez les noms en dessous, je vous prie. » J'ai obéi de mon mieux. « Maintenant, vos empreintes », a-t-il ajouté en m'indiquant le tampon encreur posé à côté, sur lequel j'ai appuyé mon index pour marquer le formulaire. Le processus s'est répété avec d'autres photos prises durant mes précédents séjours en Iran.

De temps en temps, George s'énervait que je ne puisse pas nommer la personne ou le lieu exact montrés sur un cliché. « J'ai oublié », disais-je. C'était vrai – certains individus rassemblés autour de la table étaient simplement des invités comme moi –, mais j'avais aussi conscience que les services de sécurité cherchaient à attraper des opposants au régime. Je n'allais pas les aider.

« Creusez-vous la cervelle ! » aboyait-il alors. Derrière le paravent, quelqu'un lui donnait des instructions en farsi.

L'interrogatoire a duré environ une heure, après quoi on m'a remmené en cellule. Je n'ai pas pu trouver le sommeil, même avec la couverture tirée sur la tête, et le bruit de la ventilation était tellement oppressant que j'ai fini par m'asseoir dans mon coin en essayant de penser à des choses positives, comme Roland. Nous nous sommes rencontrés en 2003 et mariés en 2014, aussitôt que la loi française l'a permis. Nous étions déjà pacsés depuis 2004, l'année où j'ai obtenu la nationalité française. Je vis en France depuis 1986, date à laquelle je suis venu travailler pour l'Office du tourisme d'Irlande.

Je me suis aussi demandé comment mon père, qui aurait quatre-vingt-dix-sept ans en novembre, allait réagir à mon arrestation et à ma détention. Il est assez angoissé de nature, et j'imaginais ma pauvre sœur Caroline essayant de le rassurer au téléphone, une tâche d'autant plus ardue qu'il entendait mal. Je me suis efforcé de diriger mes pensées vers la maison de Banyuls-sur-Mer, près de la frontière espagnole, où Roland et moi avions récemment emménagé. Nous logions à Cerbère, un village voisin, lorsqu'un ami nous avait parlé d'une maison datant en partie du XIIe siècle, entourée d'un vaste terrain. Nous n'avions pas eu de mal à nous décider. Je me languissais à présent de la nature, des grands espaces des Pyrénées, du souffle de la tramontane sur mon visage. J'ai essayé d'imaginer ce que je ferais en sortant de ce pétrin : écrire un livre, prendre un chien tout de suite au lieu d'attendre la retraite. J'ai eu un labrador, Max, pendant sept ans, il y a longtemps de ça. Nous étions très proches et faisions beaucoup de choses ensemble. Max m'accompagnait au travail, venait avec moi voir les clients et voyageait en train dans toute la France à mes côtés.

Après un repas de riz et de ragoût, on m'a une fois de plus extrait de la cellule et emmené, menotté et les yeux bandés, dans un couloir. Passé la pente douce, nous avons tourné à droite. On m'a fait franchir une porte avant de refermer derrière moi. Comme il n'y avait que le silence, j'ai retiré le bandeau. Je me trouvais dans une sorte de cour intérieure. Il y avait une verrière opaque au-dessus de moi et deux plantes en pot au milieu, ainsi qu'une chaise en plastique blanc contre la paroi de gauche. Le guichet du bas a été ouvert pour que je puisse être débarrassé des menottes et rendre le bandeau. Je pense que cette salle devait mesurer six mètres sur quinze environ. Les murs, comme dans la cellule, étaient en pierre polie. Je me suis mis à marcher en rond, en changeant de sens de temps en temps. Ce traitement n'a rien de rare : comme je devais l'apprendre, tous les otages passent des semaines ou des mois comme ça, en confinement solitaire, avec des interrogatoires quotidiens. Je me suis assis sur la chaise, un bonheur pour mon dos après tout ce temps par terre dans la cellule. Les autorités s'inquiétaient-elles de mon bien-être ? À ce stade, je me faisais du souci pour ma santé mentale. Sans même parler de l'isolement, je ne savais pas bien quel jour nous étions, ni même quelle heure il était, en plus de quoi l'éclairage intense et le bruit incessant me poussaient à me demander si je n'étais pas lentement en train de sombrer dans la folie. Au bout d'environ un quart d'heure, on m'a ramené en cellule.

Ce soir-là, j'ai remarqué une rougeur qui couvrait tout le bas de mon thorax et qui me démangeait terriblement. Était-ce la veste d'uniforme, les couvertures, la nourriture, l'eau (j'ai appris plus tard que dans ces quartiers d'isolement les autorités pouvaient altérer l'alimentation en eau d'une cellule en particulier), ou une nouvelle maladie ?

J'ai retiré mes vêtements, et essayé de dormir en slip parce qu'il faisait trop chaud. Il n'a fallu que quelques minutes pour qu'une voix dans le haut-parleur m'ordonne de me rhabiller. Peu après, la porte s'est ouverte et trois gardiens sont entrés. Je me suis levé, toujours en slip. Ils m'ont indiqué la veste et le pantalon, et m'ont fait signe de les remettre.

Je leur ai montré du doigt la rougeur sur ma poitrine, puis la veste et les couvertures. Ils ont eu l'air de comprendre et sont partis, pour revenir aussitôt avec un nouvel uniforme et de nouvelles couvertures. Je me suis lavé et j'ai tenté de trouver le sommeil.

Le lendemain, George s'est mis à me questionner sur ma religion. J'ai déclaré que j'étais athée. Il a semblé absolument perplexe à l'idée que je puisse ne croire en rien. J'étais baptisé catholique, mais depuis l'âge de dix-neuf ans je n'allais plus à la messe. Ce sujet-là allait revenir régulièrement dans mes conversations en prison. Les Iraniens étaient tout simplement incapables d'accepter que je ne croie pas à la vie éternelle.

George m'a ensuite interrogé sur l'existence que je menais en Europe. J'ai dû parler de ma famille et des raisons pour lesquelles je m'étais installé en France en 1986. Il m'a posé des questions sur les différents membres de mon cercle familial et sur ce qu'ils faisaient dans la vie. J'ai veillé à ne pas évoquer les activités de mon oncle paternel Andrew, qui avait participé à la fondation d'Amnesty International, ni un cousin au deuxième degré, Alisdair, qui réalise parfois des documentaires polémiques pour la BBC et Channel 4. En revanche, j'ai mentionné qu'une de mes cousines en Écosse, Patricia, était mariée à un juge, Lord Angus Glennie. Cet interrogatoire me laissait un peu perplexe : je ne voyais pas ce qui pouvait intéresser les Iraniens là-dedans, mais peut-être voulaient-ils savoir si j'avais des proches travaillant dans les médias ou avec l'opposition iranienne. En tout cas, je me demandais si George arriverait un jour au bout de ses questions.

« Écoutez, ai-je fini par lui dire, dans quelques jours je n'aurai plus de médicaments. Je peux tomber très malade, et vous risquez de me renvoyer en fauteuil roulant – ou dans un cercueil.

— Je comprends, m'a-t-il répondu.

— Je prends des traitements contre le VIH, la tension, les AVC, l'ostéoporose… »

J'ai dressé la liste de mes soucis de santé dans l'espoir de lui mettre la pression. Mais il a simplement haussé les épaules et est passé à autre chose. Il s'est lancé dans une série de questions étranges qui m'ont révélé l'étendue de son incompréhension de l'Occident. J'ignore d'où il tenait ses informations, mais il a voulu savoir pourquoi en Europe il y avait des gens qui manifestaient dans le plus simple appareil ! J'ai indiqué que cela pouvait effectivement arriver dans certains pays, comme les Pays-Bas ou le Danemark, et qu'il y avait notamment des manifestations de cyclistes tout nus. J'ai précisé que c'était une forme de protestation pacifique. Il m'a ensuite parlé des Gilets jaunes.

« Oh, ils ne posent plus vraiment problème », ai-je lâché.

George a secoué la tête.

« Il paraît qu'ils déstabilisent le gouvernement français.

— N'importe quoi ! Vous n'avez aucune idée de ce qui se passe en France parce que vous n'y vivez pas. »

Imperturbable, il m'a ensuite demandé quel était mon film préféré. *2001 : l'Odyssée de l'espace*, ai-je répondu. Il en voulait un plus récent. J'ai bien pensé à *La Cage aux folles*, mais je me suis abstenu. J'ai indiqué *Jericó*, un film colombien qui parle de femmes dans un village de montagne, plein de couleurs et de musique. Puis il m'a demandé de nommer mon livre préféré. J'ai répondu *Ulysse* de Joyce. (J'ai failli citer *La Ballade de la geôle de Reading*, d'Oscar Wilde.) Il m'a appris qu'il était en train de lire un des ouvrages qu'on m'avait confisqués avec mes affaires, *The Forging of a Rebel* (« La Forge d'un rebelle ») d'Arturo Barea, et qu'il le trouvait très intéressant. J'ai raconté que j'avais déjà lu les deux premiers tomes de la trilogie, qui décrivaient la jeunesse de l'auteur et la guerre civile espagnole. J'ai ajouté que j'étais ennuyé d'être privé de ce volume-là, le troisième, qui couvrait la vie de Barea après l'accession de Franco au pouvoir. George m'a promis de me le rendre dès qu'il l'aurait terminé. Il ne l'a jamais fait.

Dans ma cellule, après le déjeuner, j'ai commencé à examiner les murs de pierre polie en essayant de distinguer des dessins ou des objets gravés. J'ai reconnu le contour d'un oiseau, et même un cochon. J'ai pris conscience que, dans la cellule comme dans les toilettes, il n'y avait rien de tranchant, et aucun carrelage qui aurait pu être brisé pour façonner une pointe. Il n'était pas question que les détenus se mutilent : ils constituaient une marchandise précieuse. Un otage étranger en bonne santé, imaginais-je, pouvait être détenu plus longtemps et avoir d'autant plus de valeur au moment des négociations. Un individu gardé un mois en prison vaut sûrement moins que celui qui y croupit depuis des années.

Ce soir-là, le bruit de la ventilation m'a rendu fou. J'ai actionné l'Interphone et plaqué les mains sur mes oreilles pour que les gardiens me voient sur leurs écrans. Bien sûr, comme aucun ne parlait anglais, ils ont raccroché. J'ai continué d'appuyer sur le bouton, et quelqu'un a fini par venir au guichet. Le gardien avait un smartphone équipé de l'appli Google Translate et je lui ai expliqué le problème en demandant qu'on coupe la ventilation. Il a eu un hochement de tête, et peu après un merveilleux silence s'est fait. Mais c'était toujours difficile de dormir tout habillé, sous la lumière vive, seul dans cette pièce chaude et privée d'air.

Le lendemain – du moins selon mon estimation – quelqu'un de nouveau m'attendait derrière le bureau quand je suis entré dans la salle d'interrogatoire. Comme George, il a refusé de me donner son nom, si bien que je l'ai surnommé Henri. Il devait approcher de la quarantaine et présentait un léger embonpoint. Il parlait un excellent français, avec un bon accent. J'ai deviné qu'il avait dû être envoyé de Téhéran pour m'interroger. George aussi était là, avec deux autres individus, derrière un paravent sur ma droite.

Henri portait un masque chirurgical et des gants en latex blancs, qui laissaient voir les poils de ses mains à travers, et il n'arrêtait pas de tirer dessus au niveau de ses doigts. Je ne me sentais pas à l'aise du tout. C'était vraiment perturbant. Cela m'a rappelé la scène du film *Marathon Man* où l'affreux dentiste se prépare à torturer le pauvre Dustin Hoffman. Je savais que les Iraniens n'allaient pas me torturer, moi, un otage occidental, mais je suppose que les gants étaient là pour me faire peur.

Henri avait une épaisse liasse de documents devant lui. Il m'a montré le premier formulaire, qui contenait des sorties papier de photos tirées de mon téléphone, prises dans une galerie d'art à Téhéran en 2019.

« Pourquoi avez-vous photographié ces tableaux ?

— Je trouvais ça beau, ai-je répondu.

— Comment avez-vous pu visiter des galeries d'art ? »

J'ai expliqué qu'une galeriste iranienne, une amie, nous avait emmenés, Roland et moi, en visiter plusieurs un après-midi. Henri connaissait son nom.

« Ce n'est pas une bonne artiste, a-t-il déclaré.

— Je n'ai jamais vu son travail. »

Il voulait savoir qui était présent dans sa galerie quand nous l'avions rejointe. J'ai dû écrire ma réponse, en français, sur son formulaire, sous les clichés en question.

Henri m'a demandé pourquoi j'avais pris en photo le logo des gardiens de la révolution. Je lui ai dit que je l'avais photographié à la gare de Racht parce que je le trouvais graphiquement intéressant. Est-ce que c'était illégal ? l'ai-je interrogé. Il n'a pas répondu. Henri m'a ensuite questionné sur mes voyages. Étais-je allé en Israël ? J'ai expliqué que je m'étais rendu en Palestine et en Jordanie avec Roland, pour rendre visite à des amis qui travaillaient pour la Banque mondiale. Il disait toujours « Israël », et je répondais toujours « Palestine ». Encore des formulaires à remplir. Henri m'a demandé le nom de la personne que nous étions allés voir. « David Craig », lui ai-je indiqué. David était directeur de la Banque mondiale pour la Palestine à l'époque. Sa femme Emilie et nous étions très bons amis. C'était inutile de mentir, puisque les Iraniens avaient mon ordinateur. Ma réaction a paru satisfaire Henri pour le moment. On m'a ramené en cellule.

L'après-midi, un gardien est venu me chercher, mais au lieu de me laisser dans la cour intérieure ou dans la salle d'interrogatoire, on m'a cette fois emmené dans la petite pièce dévolue aux visites, où j'ai dû retirer mon uniforme. Le gardien m'a expliqué en anglais que j'allais à l'hôpital pour être examiné, et m'a rendu mes vêtements et mes chaussures. J'ai dû mettre un bandeau et des menottes.

Dehors, le gardien m'a poussé à l'arrière d'une voiture. Au bout de quelques minutes, le passager à l'avant m'a dit de retirer le bandeau. Nous avons roulé un quart d'heure dans la ville. Je ne savais pas du tout où j'étais. Je ne reconnaissais aucune rue ni aucun immeuble. Nous nous sommes arrêtés sur le parvis d'un hôpital. À la réception, beaucoup de têtes se sont tournées au spectacle d'un Européen menotté. On m'a emmené sur-le-champ dans une pièce attenante pour me faire une prise de sang. Ils cherchaient sans doute à vérifier si je mentais à propos de ma séropositivité. Tout était très high-tech, l'infirmier saisissait les informations me concernant sur un écran mural. Personne ne disait rien. Au bout de quelques minutes à l'hôpital, j'ai été reconduit au centre d'interrogatoire.

Plus tard dans l'après-midi, j'ai été soumis à une nouvelle série de questions. Mais d'abord, j'ai demandé à George et Henri s'ils parlaient bien de la prise de sang quand ils m'avaient dit que je serais « examiné ». George m'a informé que je devrais payer l'examen, et m'a enjoint de signer un document en farsi. J'ai écrit en anglais que je signais pour le règlement d'une prise de sang.

Henri s'est alors concentré sur David Craig, mon ami de la Banque mondiale. Il a prétendu que celui-ci était un agent de la CIA. J'ai rétorqué que c'était un banquier néo-zélandais à la retraite. Ils avaient clairement lu mes mails, puisqu'ils étaient au courant que j'avais conseillé David à propos d'un prêt relais pour un nouvel appartement. Henri a laissé entendre que c'était étrange car cet homme aurait dû avoir les moyens de s'acheter un logement. Savait-il ce qu'était un prêt relais ? l'ai-je questionné. Comme ce n'était pas le cas, je le lui ai expliqué, mais je ne suis pas sûr qu'il ait compris. Il m'a ensuite demandé d'où je connaissais une de mes amies, Lindy Foss-Quillet. Il m'a soutenu qu'elle aussi travaillait pour la CIA. J'ai précisé que c'était une amitié toute récente : j'avais fait sa connaissance quelques semaines plus tôt, à l'anniversaire d'un autre ami à Paris, et nous avions prévu de nous revoir à mon retour d'Iran. Lindy, qui a la double nationalité britannique et française, est une artiste qui a un atelier en région parisienne.

J'ai à nouveau rempli des formulaires avant d'être remmené en cellule. La nuit était chaude, là encore, et cette fois, quand j'ai appelé à l'Interphone pour qu'on éteigne la ventilation, un gardien est arrivé tout de suite avec un crayon et du papier pour que je mette ma demande par écrit. Ça a fonctionné. Mais la ventilation s'est remise à ronfler une heure plus tard, et je n'ai pas pu me rendormir. Devoir coucher par terre aggravait un problème de dos que j'avais depuis longtemps, et l'inactivité me raidissait terriblement les genoux. Désormais, j'avais mal en permanence. Je n'aurais su dire si l'arrêt soudain de mes médicaments avait un effet sur moi. Je ne pense pas que j'étais déprimé : j'étais trop inquiet pour songer à autre chose que survivre de mon mieux, physiquement comme mentalement.

Le lendemain, les questions ont porté sur les photos plus problématiques que j'avais prises au cours de mon séjour actuel. Henri voulait savoir pourquoi j'avais photographié la mosquée incendiée à Racht. J'ai expliqué que c'était un spectacle insolite dans un pays aussi religieux que l'Iran. J'ai fait remarquer que, dans mon téléphone, il trouverait aussi des clichés et vidéos de l'incendie de Notre-Dame, car j'étais sur place le jour où elle a pris feu.

Il est passé à la photo des policiers à Tabriz. Là, j'étais moins à l'aise. J'ai fait valoir qu'elle avait été prise du septième étage, de nuit. J'ai dit que voir des policiers se garer sur le parking de l'hôtel était un peu inhabituel. Il a poursuivi en m'interrogeant sur la vidéo faite à Tabriz, et j'ai bien précisé qu'il ne s'agissait pas de filmer une manifestation. On entend les manifestants et on distingue des gens qui défilent au loin, mais rien n'est pris en gros plan.

Les questions suivantes concernaient les photos des hommes que j'avais vus devant le bar à jus à Oroumieh. J'ai indiqué que ce n'étaient pas des soldats, pour ce que j'en savais. Ils ne portaient pas d'insignes : ce n'étaient que des jeunes avec des casques et des matraques. Puis il m'a interrogé sur la photographie des motos aux plaques dissimulées. J'ai expliqué que j'étais motard moi-même. Henri m'a demandé pourquoi je ne m'étais pas rapproché pour obtenir un meilleur cliché, dans ce cas. J'ai haussé les épaules et répondu qu'il trouverait d'autres images de motos dans mon téléphone, prises en Iran, et même une vidéo faite en deux-roues à Téhéran : un ami iranien m'avait embarqué sur son scooter pour une balade en ville. (Je me rappelle qu'il ne semblait pas y avoir de code de la route et que nous avons roulé à contresens en ignorant totalement les feux.

La plupart des autres motards ne portaient même pas de casque. Une expérience terrifiante.)

Après chaque question, s'il semblait satisfait de ma réponse, Henri me demandait de l'écrire, en français, sur le formulaire. Quand j'avais terminé, il contournait le bureau pour prendre les documents et me relire. Comme j'ai une écriture horrible, il avait du mal à me déchiffrer. De temps en temps, il corrigeait ma grammaire ! À l'écrit, son français était presque aussi bon que le mien, voire meilleur. Étant donné sa connaissance de la langue, je me demandais où en France et pendant combien de temps il avait étudié le français. À un moment, il est venu par ma gauche pour lire mes réponses et s'est appuyé contre moi, si fort que j'ai senti les sillons de son pantalon en velours côtelé. J'ai légèrement déplacé ma chaise vers la droite. Henri est retourné derrière son bureau. Une expérience inquiétante. Qu'est-ce qu'il mijotait ? Peut-être essayait-il de me provoquer.

Dans ma cellule, la solitude de mes journées était de plus en plus difficile à vivre. En dehors des interrogatoires, je ne parlais à personne. Je n'avais rien à lire et j'avais beaucoup de mal à trouver le sommeil, malgré mon immense fatigue. J'ai besoin de silence et d'obscurité pour dormir, et là je n'avais ni l'un ni l'autre, loin s'en faut. Chaque fois que j'entendais des pas dans le couloir, je me demandais si c'était pour moi. Qui se trouvait dans les autres cellules ? Mike était-il aussi dans ce centre ? De manière stupéfiante, je commençais presque à apprécier les interrogatoires, parce qu'au moins ça m'occupait l'esprit.

Pendant quelques nuits, un détenu dans la cellule à gauche de la mienne a braillé en farsi. Quelques gardiens sont venus lui crier dessus. J'ai fini par entendre qu'on ouvrait sa porte et qu'on l'emmenait. Il a dû être ramené à un moment, car la nuit d'après il s'est remis à s'époumoner.

Pour la séance de questions suivante, un autre homme portant un masque chirurgical s'est joint à Henri et à George. Il avait apporté mon ordinateur portable. Ils voulaient les mots de passe de mon compte « 1Password » (un outil qui gère tous les mots de passe) et de mon serveur mail. Je leur ai dit que je ne les connaissais pas, puisqu'ils étaient tous automatiques, et que c'était leur faute s'ils avaient tout bloqué. Le seul qui aurait pu les aider était mon collègue David, à mon travail ! Ça ne leur a pas plu et ils m'ont lancé des regards assassins, mais je me suis contenté de hausser les épaules. J'ai remarqué qu'ils avaient changé la langue de mon Mac pour le mettre en anglais. Ils allaient galérer avec le clavier français, mais je n'ai rien dit. J'ai aussi vu sur l'écran que nous étions le 9 octobre, une journée plus tôt que ce que j'imaginais. Je commençais à perdre la notion du temps.

Le 10 octobre, le jour où j'aurais dû rentrer chez moi, George était seul dans la salle d'interrogatoire. Il était habillé très smart et une casquette de base-ball « NY » était posée sur le bureau, à côté de son porte-documents en cuir. Avec un grand sourire, il m'a annoncé qu'il avait une bonne nouvelle : ma sœur Caroline savait maintenant où j'étais. Depuis le début, j'avais peur que ma famille me croie victime d'un accident de la route. De soulagement, j'ai fondu en larmes. George m'a assuré ensuite que je serais rapidement remis aux autorités françaises. Supposant qu'il parlait de l'ambassade, j'ai senti le bonheur m'envahir.

Lorsque j'ai regagné ma cellule, mes pieds ne touchaient plus terre. Le gardien m'a pressé l'épaule de manière rassurante. La porte refermée, mes pensées se sont activées à imaginer ce qui allait m'arriver. Comment serais-je ramené à Téhéran, à presque mille kilomètres de Machhad ? Quelqu'un de l'ambassade de France viendrait-il me chercher ? Quand pourrais-je parler à Roland, à mon père, à Caroline ? Allais-je devoir rester un moment à l'ambassade avant de rentrer ?

Le lendemain, Henri m'a questionné sur un nouveau sujet. « Nous avons trouvé deux tessons de poteries dans votre sac à dos », a-t-il lâché.

Je me rappelais ce qui s'était passé. En chemin vers le sud pour attraper la ligne ferroviaire principale entre Téhéran et Machhad, Mike et moi nous étions arrêtés à une forteresse en restauration, aux abords du village d'Esfarayen. Nous avions dû escalader un mur pour y entrer. Il n'y avait personne, mais des travaux étaient apparemment en cours : on voyait beaucoup d'échafaudages et d'outils. Devant la forteresse, à côté de la voiture, notre chauffeur farfouillait dans les gravats à proximité d'un appentis où séchaient des briques en terre. Il avait ramassé quelques fragments de poteries et me les avait montrés. L'un, grand comme ma main, présentait un motif bleu et semblait provenir d'un carrelage. L'autre m'a paru être un morceau de cruche. « Prenez-les, m'avait dit le chauffeur. Ça vous fera un souvenir. » Je les avais glissés dans mon sac à dos.

Comme je ne voulais pas attirer d'ennuis au chauffeur, j'ai menti.

« Je les ai trouvés par terre dans un village abandonné.

— Où, précisément ? »

J'ai fait semblant de réfléchir. « Je crois que c'était au bord d'une piste en terre, près de Raz. Si vous me donnez une carte, je pourrai sans doute vous montrer où. » J'ai pris soin de rester vague, et apparemment ils m'ont cru.

Après le déjeuner, à la reprise de l'interrogatoire, Henri m'a demandé avec un sourire si j'aimais la version iranienne du cassoulet. Ce plat contient bien des haricots et de la viande, mais n'a rien à voir avec l'original.

« Ah, vous connaissez le Sud-Ouest ? ai-je lancé.

— Mais oui », a-t-il rétorqué, toujours souriant, sans rien ajouter d'autre.

Mes réserves de médicaments s'étaient taries mais, quand j'en ai parlé, Henri et George m'ont juste répondu qu'ils étaient au courant. Cela m'a confirmé que ma santé défaillante pourrait bien être la clé pour me sortir de prison. Si les autorités voyaient que, en plus de ne plus disposer de mes traitements, je faisais part d'une dégradation de mon état, elles pourraient bien vouloir être débarrassées de moi.

Le soir même, j'ai donc prévenu à l'Interphone que je souffrais d'une forte migraine. Le gardien est venu avec un comprimé, que j'ai caché dans ma bouche puis recraché dans les toilettes. Ensuite, je me suis plaint de mes maux de dos. En effet, j'avais de plus en plus de difficultés à me lever et je devais m'appuyer au mur pour tenir debout. Je suis quelqu'un de très actif et j'essaie souvent d'accomplir plusieurs actions à la fois. D'ailleurs, Roland me dit toujours de ralentir, en vain : je suis fréquemment le premier levé et le dernier couché, et je vais courir deux à trois fois par semaine. Ma tête est presque constamment remplie de choses à faire ou à faire faire par d'autres. Là, pour la première fois de la vie, j'étais totalement impuissant. Ma vie entière était entre les mains de mes geôliers.

J'ai commencé à me taper la tête contre les murs, par frustration. Pas trop fort, mais suffisamment pour me faire mal et peut-être attirer l'attention sur ma détresse psychologique. Il n'y a pas eu de réaction immédiate, mais peu après, pendant un entretien avec George, j'ai cherché à savoir quand j'allais récupérer mon livre. Je mourais d'ennui, et j'avais besoin de distraction. Il m'a dit qu'il ne l'avait pas encore terminé. Je lui ai alors demandé s'il pouvait me rendre l'un de mes deux guides de voyage. Quelques heures plus tard, dans ma cellule, le guichet du haut s'est ouvert et on m'a tendu mon guide Lonely Planet de l'Iran tout usé. J'ai entrepris de le lire de A à Z, y compris les descriptions de tous les hôtels et restaurants du pays. Je savais qu'après cette épreuve je ne remettrais jamais les pieds en Iran, mais lire m'aidait un peu à garder l'esprit occupé.

Le Lonely Planet est probablement le meilleur guide sur cette région du monde pour les voyageurs se déplaçant seuls. Cependant, Mike m'avait fait remarquer que la dernière édition n'était pas à jour : bon nombre d'établissements qui y étaient recensés n'existaient plus. Le secteur du tourisme est très fragile en Iran. Les informations pratiques, certes, sont bien utiles lorsqu'on vient pour la première fois, mais certains guides sont impuissants à expliquer ce pays très complexe, parce qu'ils sont écrits par des personnes qui lui sont extérieures.

Un jour, en sortant de ma cellule, nous avons emprunté une nouvelle direction. Dans la salle où j'ai été amené, on m'a invité à m'asseoir. Un homme m'a déclaré qu'il était médecin. Malgré le bandeau, j'ai entraperçu une blouse blanche. Il a pris ma tension et m'a questionné sur mon dos. J'ai dit que dormir sur le sol dur me faisait très mal. Il m'a promis de me donner quelque chose pour soulager la douleur, mais rien n'est jamais venu.

J'ai décidé de me montrer difficile. Ils jouaient à un petit jeu avec moi, entre le passage à l'hôpital, cette visite médicale, le refus de me rendre mes livres, la promesse non tenue de me remettre aux autorités françaises. Le soir même, j'ai refusé mon repas. C'était clairement un problème. Le gardien m'a crié après en farsi et je l'ai envoyé sur les roses – en anglais. Je suis allé m'asseoir dans le coin opposé à la porte. Un peu plus tard, le guichet du haut s'est ouvert, et un gardien m'a tendu une feuille de papier et un tampon encreur. Avec l'aide de Google Translate, j'ai fini par comprendre qu'ils voulaient que je certifie que j'avais refusé mon dîner. Pour leur compliquer la vie, je l'ai écrit en français, de ma pire écriture, après quoi j'ai apposé mon empreinte digitale. Ça a eu l'air de les satisfaire. J'ai répété ce manège le lendemain matin.

Les questions quotidiennes se sont à nouveau orientées vers la situation politique en France et le mouvement des Gilets jaunes. J'ai pris un malin plaisir à répéter à mes interrogateurs qu'ils ne comprenaient rien à la France. J'ai suggéré qu'ils devraient peut-être changer leur personnel à l'ambassade.

Puis ils ont soulevé un nouveau sujet : mes liens avec l'établissement Le Cox à Paris. Il s'agit d'un bar gay bien connu dans le centre de la capitale, dont je suis copropriétaire. Il a une certaine réputation militante, en grande partie de mon fait. Là, j'ai tâché de minimiser mon rôle, me posant en simple bailleur de fonds. Début 2022, je m'étais impliqué dans l'organisation d'un événement avec une ONG française pour aider l'effort de guerre ukrainien en finançant l'envoi de matériel médical au front. Je savais que le régime iranien était prorusse, mais rien n'a été dit là-dessus. Par contre, George a déclaré que le lobby LGBT était puissant en Europe. J'ai confirmé qu'il avait raison sur ce point.

J'ai terminé le Lonely Planet et demandé à ce qu'on me rende mon guide Bradt de l'Iran, ce qui a été fait. Celui-là m'intéressait davantage parce que la première moitié couvre en détail l'histoire et la culture actuelle de la région. L'autrice, Maria Oleynik, est une amie de Mike. Je l'avais eue au téléphone une fois. Elle est russe et parle je ne sais combien de langues. Elle avait fait ses études au Trinity College Dublin et vivait désormais à Shiraz, dans le Sud iranien, une ville où je m'étais rendu à deux reprises. J'ai lu l'ouvrage d'un bout à l'autre. L'éditeur est spécialisé dans les destinations qui sortent de l'ordinaire, comme l'Iran ou l'Irak, et ses guides diffèrent complètement des Lonely Planet par l'importance qu'ils accordent à l'aspect culturel et historique.

Ma lecture a été entrecoupée d'interrogatoires sur des images gênantes trouvées dans mes archives. Cette fois, une photographie de moi, prise avec mon téléphone, sur une plage près de Bouchehr, dans le golfe Persique, en février 2020. Un ami de Mike, policier (Roland le soupçonnait de torturer des prisonniers à ses heures perdues), nous y avait amenés. J'étais le seul à m'être baigné. En me séchant avec ma serviette, j'avais remarqué l'emplacement d'un canon antiaérien sur la colline. On le voit à l'arrière-plan sur le cliché. La centrale nucléaire de Bouchehr était visible aussi de là où nous étions.

« Dites-moi, qui a pris cette photo ? m'a demandé Henri.

— Aucun souvenir », ai-je répondu.

Je mentais : c'était Roland.

Henri s'est levé de son bureau, a éteint la caméra et s'est approché de moi. *Qu'est-ce qui se passe ?* J'ai eu un peu la trouille. *Est-ce qu'il va me faire mal, hors caméra ?* ai-je songé. Il s'est penché tout près de moi ; je sentais son haleine sur ma figure.

« Vous aimeriez peut-être travailler pour nous ? Ça pourrait être bien, non ? »

La question m'a pris par surprise. En échange de quoi, me suis-je demandé… De ma liberté ?

« Je ne pense pas, non », ai-je fini par répondre.

Henri n'a pas insisté. On m'a ramené dans ma cellule, mais j'étais encore sous le choc. Que pensaient-ils pouvoir me faire faire en Europe ? Souhaitaient-ils que je me rapproche d'organisations d'opposants à l'Iran et que je leur renvoie des infos ? Autrement dit, voulaient-ils faire de moi un « vrai » espion ? L'idée était grotesque.

En cellule, j'ai tâché de me concentrer sur des idées positives, me forçant à penser à Roland, à Caroline, à la maison de Banyuls, à mon père à Dublin. J'ai même commencé à imaginer que je gagnais à la loterie et que j'en faisais la surprise à Roland, arrivant en taxi à son travail pour l'emmener avec moi chercher le chèque ; et comment nous dépenserions cet argent. Ça m'a tiré un sourire. J'ai décidé que, le jour où je sortirais de ce cauchemar, j'arrêterais de travailler plutôt que d'attendre mes soixante-sept ans. Et mon idée de prendre un chien s'est encore développée : je choisirais à nouveau un labrador pour succéder à mon Max bien-aimé, qui avait été mon fidèle compagnon vingt ans auparavant. Je profiterais de l'instant au lieu de remettre les choses à plus tard : je voulais me sentir pleinement vivant ! Tous ces projets m'occupaient l'esprit. J'essayais de ne pas penser à l'inquiétude de ma famille, en France et en Irlande.

Un matin, on m'a remmené dans la petite salle au miroir sans tain. Là, on m'a rendu mes vêtements. J'ai dû remettre le bandeau sur mes yeux. On m'a passé des menottes aux poignets et des entraves aux pieds. On m'a informé que je retournais à l'hôpital. Je n'ai pas discuté : j'étais content de sortir de l'isolement, même pour un bref moment.

Le trajet était long, et j'ai eu le droit d'enlever le bandeau en route. L'hôpital était un édifice moderne avec des soldats à l'entrée. Les gardiens ont retiré les entraves de mes pieds et m'ont fait entrer par une porte latérale. À l'évidence, mon arrivée était annoncée : des hommes en costard noir nous attendaient. Comme d'habitude, j'attirais beaucoup les regards. Certaines personnes détournaient la tête, visiblement perturbées de voir quelqu'un se faire traiter ainsi. Un Européen était un spectacle rare à Machhad, j'imagine, mais un Européen dans cette situation devait être encore plus surprenant. Nous étions apparemment dans une clinique privée, et je me suis demandé si le régime aurait emmené un prisonnier politique iranien à l'hôpital public. Je n'en étais pas persuadé.

Nous avons pris l'ascenseur pour gagner une vaste chambre où on m'a dit de m'allonger sur un lit. Il y avait une télé grand écran au mur, beaucoup d'espace, et même un téléphone à côté du lit. Des gardiens et d'autres individus étaient présents. Un médecin est arrivé et m'a expliqué, en anglais, que j'allais subir quelques examens. Une infirmière m'a branché à une machine à ECG fabriquée par Siemens qui semblait flambant neuve. Le médecin m'a ausculté mais n'a pas prononcé un mot. On m'a fait une prise de sang, après quoi ils sont tous sortis, sauf un gardien et moi.

Après un long moment, tout le monde est revenu, et on m'a repassé les menottes et emmené au sous-sol, dans une grande chambre avec deux couchages et des toilettes séparées. Cette fois, j'étais menotté au lit. Une infirmière est venue me poser une perfusion. Comme il n'y avait aucun médecin en vue, impossible de savoir ce qu'on m'administrait. J'ai commencé à avoir peur et à me demander ce qui se passait. Mon plan consistant à mettre l'accent sur ma « mauvaise » santé était-il en train de fonctionner ? Les autorités craignaient-elles qu'il m'arrive quelque chose entre leurs mains, redoutaient-elles les réactions en France et en Irlande ? En tout cas, c'était bon d'être tiré du confinement solitaire. Au moins, j'avais un aperçu du système de santé iranien qui, dans cet hôpital, ne semblait pas si mauvais. Au moins, j'étais « occupé ».

Deux gardiens me surveillaient, un jeune et un d'âge mûr. Il y avait un téléviseur, mais le jeune refusait de me laisser la télécommande, tout comme il m'interdisait de fermer la porte quand j'allais aux toilettes. En dehors de cela, ils ne s'intéressaient pas beaucoup à moi : ils étaient tous les deux sur leur smartphone. Le plus âgé est sorti et revenu avec des sacs de nourriture à emporter, kebabs et riz, pour eux et pour moi. On ne m'avait rien donné d'aussi bon depuis mon arrestation, mais ce n'était pas facile de manger avec un bras attaché à un lit ! Comme l'aîné avait Google Translate sur son téléphone, je m'en suis servi pour lui demander si je pouvais avoir quelque chose pour dormir. Il est allé chercher une infirmière qui a ajouté un produit à ma perfusion.

L'un des gardiens s'est allongé sur le second matelas, l'autre s'est affalé dans un fauteuil. Ils ont éteint la télé et baissé les lumières. Pour la première fois depuis je ne sais combien de jours, je pouvais m'assoupir dans la pénombre et le silence. J'ai rapidement trouvé le sommeil, mais j'ai mal dormi parce que j'étais menotté au lit.

Le lendemain matin, après le petit déjeuner, les gardiens ont changé ; ce coup-ci, ils étaient trois. On m'a permis d'avoir la télécommande. Non loin de ma chambre, il semblait y avoir un bureau avec un téléphone car j'entendais des gens aller et venir pour passer des coups de fil. Un infirmier s'est présenté pour changer ma perfusion. Au bout d'un petit moment, le sang a commencé à refluer, comme cela se produit parfois. Quand je l'ai montré aux gardiens, ils ont paniqué et deux d'entre eux se sont précipités pour aller chercher de l'aide. L'infirmière est arrivée, et nous nous sommes souri parce qu'il n'y avait rien d'inquiétant, mais cela prouvait que les autorités se souciaient de ma santé.

L'après-midi, nouveau changement de gardiens. Cette fois, ils étaient deux. L'un était très doux et m'a permis de manger sans les menottes, et aussi de fermer la porte des toilettes.

Le reste du temps, je suis resté à somnoler sur mon lit, en regardant vaguement la télé. C'était ma première rencontre avec la télévision d'État iranienne, un fatras d'émissions religieuses et de journaux montrant beaucoup d'activité militaire, notamment des vols d'essai de fusées et de drones.

Plus tard ce soir-là, l'un des gardiens a disparu et l'autre s'est couché pour dormir dans le lit adjacent. Je me suis fébrilement creusé la tête pour trouver comment aller me servir du téléphone dans le bureau d'à côté. Je me demandais où le garde endormi conservait la clé des menottes. Je ne savais pas quel numéro il fallait composer pour être mis en relation avec l'extérieur. Puis j'ai pensé : pourrais-je téléphoner hors d'Iran ? Quel serait le châtiment si je me faisais prendre ? À cette idée, je me suis vite ravisé.

Le lendemain matin, nouveau changement : cette fois, je n'avais plus qu'un gardien. Je devenais peut-être moins dangereux ! Tout compte fait, c'était peut-être vrai qu'on allait me conduire à l'ambassade de France à Téhéran. Ce garde-là, avec sa casquette de base-ball et son sweat à capuche, passait tout son temps sur son smartphone. Il sortait fréquemment de la chambre. Je m'ennuyais comme un rat mort, et mes mouvements limités augmentaient mon inconfort. Je n'avais pas pu me laver depuis mon arrivée à l'hôpital et on ne m'avait même pas donné une brosse à dents. Mais je ne pensais plus qu'à la perspective d'une libération immédiate, qui avait entièrement conquis mon imagination.

Cet après-midi-là, un autre gardien est arrivé et l'infirmière a retiré ma perfusion. Je n'avais toujours aucune idée de sa composition et je ne ressentais aucun changement. On m'a fait monter dans une voiture banalisée et nous sommes repartis. Pas de bandeau sur les yeux, rien que les menottes. Les deux hommes avaient l'air de se croire dans un film policier. Celui qui conduisait a mis la sirène et roulé à toute berzingue sur la quatre-voies en slalomant entre les véhicules. Ils étaient pliés de rire : un épisode de *Starsky et Hutch* en vieille Peugeot. Ça m'a fait repenser au nombre record de morts sur les routes en Iran ; en une seule année, il y en a autant que dans les vingt-sept pays de l'UE combinés.

Quand la voiture a enfin quitté la voie rapide, les gardiens m'ont demandé de fermer les yeux parce qu'ils avaient oublié le bandeau. J'ai donc fait semblant d'obéir, mais j'ai pu voir que nous nous dirigions vers un ensemble de bâtiments. Nous avons atteint un immense portail et, après que le chauffeur a échangé quelques mots avec un garde, notre véhicule est entré dans le complexe et a longé une rue non pavée avec un haut mur d'enceinte sur ma droite et un bâtiment sans fenêtres sur ma gauche. Le mur était surmonté de fil barbelé – la variété dont les pointes sont tranchantes comme des rasoirs. Des gardes armés patrouillaient dans les miradors tout autour. Nous avons franchi encore un portail et débouché dans une sorte de rue avec des boutiques. J'ai pris conscience que ceci était une « vraie » prison, et non un centre d'interrogatoire. Des gens entraient et sortaient, certains en uniforme noir et d'autres porteurs de sacs de courses bourrés d'allez savoir quoi. J'avais visité des prisons transformées en musées, comme celle de Crumlin Road à Belfast ou celle de Kilmainham à Dublin, mais là c'était vrai de vrai, comme dans un film. Ainsi que j'allais l'apprendre, j'étais à l'entrée principale de la prison centrale de Machhad.

6

Le bloc des satans

Nous sommes entrés dans une cour et une porte métallique s'est refermée derrière nous. On m'a fait descendre de voiture, gravir quelques marches et entrer dans une zone de réception. Mes deux gardiens ont tendu des papiers à un garde en uniforme assis devant un ordinateur. On m'a mis dans une des deux cellules d'attente qui se trouvaient derrière lui ; l'autre était réservée aux femmes. C'était le début de soirée et le soleil était couché. Il y avait de l'animation : apparemment des petits délinquants qu'on libérait en leur rendant leurs affaires dans des sacs. Ils étaient dépenaillés, sales, souvent tatoués sur les bras, édentés, parfois le visage balafré. Le garde semblait en connaître certains, ce qui m'a fait penser qu'ils n'en étaient pas à leur premier séjour. Il leur tamponnait le dessus de la main avant qu'ils ne franchissent la porte.

Mon tour est venu et je me suis retrouvé debout devant le garde. Les menottes m'ont été retirées. Il m'a parlé en anglais, me demandant d'où je venais. « D'Irlande », ai-je répondu. Avec ma double nationalité, la règle est que je suis français en France et irlandais en Irlande. Ailleurs, je choisis selon les circonstances.

Le garde a voulu savoir si j'étais d'Irlande du Nord ou du Sud. En Iran, les gens sont généralement au courant des Troubles et du fait que, dans le Sud, la république d'Irlande est un État indépendant. Il m'a ensuite demandé comment je me portais. Je lui ai répondu que ça n'allait pas fort et qu'on ne m'avait pas laissé téléphoner à ma famille. Il m'a dit de lui communiquer un numéro. Je lui ai donné celui de Roland et il m'a promis que je pourrais l'appeler le lendemain. Après quoi on m'a emmené pour prendre mes empreintes et me photographier. J'ai dû tenir devant moi une plaque avec un matricule. Puis un garde de haute taille, avec de gros godillots, m'a conduit dans un couloir dont un côté était ouvert sur une vaste cour.

Nous avons atteint une porte métallique contrôlée par un garde, qui a pris les papiers et inscrit les détails dans un registre, notant l'heure indiquée à la pendule derrière moi. Il nous a ouvert, et j'ai pénétré dans une salle bruyante pleine de jeunes gardiens en uniforme noir, ainsi que d'autres avec des galons aux épaules. Là encore, des prisonniers arrivaient et partaient. J'ai appris que c'était le vestiaire où on laissait ses vêtements. Je sentais que je suscitais une grande curiosité, la plupart des personnes présentes n'ayant probablement jamais vu un Européen.

On m'a ordonné de retirer mes habits et mes chaussures mais de garder mon slip. Les gardiens portaient masques et gants chirurgicaux. Ils avaient devant eux un chariot métallique sur lequel j'ai posé mes vêtements. L'un d'eux m'a demandé d'ouvrir la bouche et a vérifié que je n'y cachais rien. Il ne changeait pas de gants entre deux prisonniers, ce qui m'a terrifié à cause du taux de Covid effarant dans le pays. Puis il a tiré sur l'élastique de mon slip et m'a fait signe de tourner sur moi-même, jetant un œil pour voir si je n'y dissimulais pas quelque chose. Ensuite, j'ai dû lui montrer la plante de mes pieds, après quoi on m'a rendu ma chemise et mes chaussettes. Mon jean, ma ceinture et mes chaussures ont été rangés dans un sac en toile, et on m'a donné un reçu. On m'a assigné un pantalon léger, bleu bordé de blanc, et des claquettes en plastique blanc. Un autre gardien en uniforme m'a emmené dans un long couloir, avec des plantes en pot bien entretenues le long des deux murs. Tout était d'une propreté impeccable. Il y avait des fenêtres donnant sur les cours, mais la nuit m'empêchait de voir quoi que ce soit. Des panneaux étaient accrochés à côté de certaines portes, en farsi et en anglais. En approchant du bout du couloir, j'ai pu distinguer une grille, et des prisonniers qui bavardaient bruyamment derrière. Était-ce ma destination ? Juste avant la grille, nous nous sommes arrêtés et le garde a appuyé sur un bouton à côté d'une porte métallique à notre droite. L'Interphone a bourdonné et nous avons pu entrer. C'était le bloc 6-1. J'ai appris que, parce qu'il abritait les détenus passibles de la peine capitale et les prisonniers politiques sérieux, on l'appelait le « bloc des satans ».

À l'intérieur, à quelques mètres sur la gauche, se trouvait le bureau des gardiens. Ces derniers étaient tous en civil, et pouvaient observer sur une série d'écrans les différentes cellules et les couloirs. Des papiers ont encore changé de main, après quoi un jeune prisonnier travailleur (un détenu qui travaillait pour l'autorité carcérale) m'a fait franchir une autre porte métallique et emmené dans un nouveau couloir. J'ai tordu le cou pour regarder dans un petit cul-de-sac sur la droite, qui comportait deux portes de cellules semblables à celles des centres d'interrogatoire, avec leurs doubles guichets. C'était là, allais-je bientôt comprendre, qu'étaient enfermés les condamnés à la veille de leur exécution, qui avait lieu après l'appel à la prière du matin.

Je n'ai pas pu voir grand-chose car on m'a fait presser le pas dans le couloir principal, où je suis passé devant d'autres portes à guichets, puis trois cabines téléphoniques et une cuisine. Tout au bout, il y avait une volière. Des oiseaux en prison ! Je n'en revenais pas. À travers une grille fermée, j'ai aperçu la cour de promenade. Nous avons tourné à gauche dans un escalier et j'ai suivi le prisonnier travailleur à l'étage. Au premier, il y avait encore des plantes le long des murs, ainsi qu'une table de baby-foot rouge, pliée, et un énorme ventilateur en tôle. J'ai compté trois portes sur la gauche et trois sur la droite, et je me suis demandé ce qu'il y avait derrière. Le prisonnier travailleur a ouvert la deuxième à droite. Je suis entré, et la porte s'est refermée derrière moi.

DEUXIÈME PARTIE

Journal de prison

7

La cellule

17 octobre 2022. Depuis mon entrée dans cette cellule, je revivais le moment en boucle. Comme on m'avait déjà fait passer d'un lieu de détention provisoire à l'autre à de nombreuses reprises, je n'ai pas compris tout de suite qu'elle deviendrait mon domicile pour une durée inconnue. Une fois installé, je ne voulais pas oublier ce premier instant surréaliste de mon arrivée. Pour moi, c'était tellement réel et précis que j'y repensais au temps présent.

Le souvenir est comme suit. Dans la cellule, environ huit mètres sur cinq, je compte une dizaine de têtes qui se lèvent vers moi. Un Européen, grand, aux cheveux longs et blonds, me sourit et me dit bonjour. Je m'approche de lui la main tendue. Il se présente : Benjamin Brière. Un Français ! Quel soulagement : enfin quelqu'un avec qui je vais pouvoir vraiment parler.

Benjamin m'explique que je dois retirer mes claquettes et les laisser sur l'une des trois étagères à gauche de la porte.

Il m'apprend que cette cellule est réservée aux étrangers et aux prisonniers politiques iraniens. Elle peut accueillir jusqu'à vingt-sept hommes ! Benjamin est en prison depuis plus de deux ans et demi. Il a été arrêté dans la région située au nord de Machhad, près de la frontière turkmène. Il avait un drone dans son van aménagé et a été accusé d'espionnage.

Il me présente ensuite à nos compagnons de cellule : trois hommes de Bahreïn, un Turc et un jeune Pakistanais, tous incarcérés pour trafic de stupéfiants. Il y a aussi là un jeune Iranien, Essan, qui a de graves troubles mentaux et qui est pédophile, et dont j'ai tout de suite pensé qu'il aurait dû être placé dans un hôpital psychiatrique. Benjamin me présente ensuite à son meilleur ami, Taj, un prisonnier politique, tout comme trois autres Iraniens également présents. Tous sourient et me serrent la main. On m'offre du thé et des biscuits. Je suis affamé, car je n'ai pas mangé depuis ma sortie de l'hôpital.

Le sol de la cellule, sur lequel nous nous asseyons, est couvert de grands tapis. Trois des murs sont occupés par des lits superposés métalliques à trois niveaux. Celui situé en face de la porte est percé de fenêtres, sous le plafond, au-dessus des lits. La paroi opposée comprend des étagères, un téléviseur mural et une pendule, à côté des omniprésentes photos de l'ayatollah Khomeini et du guide suprême actuel, l'ayatollah Khamenei. Près de la porte et des étagères à claquettes se trouve un grand et vieux frigo fermé avec un sandow. Il y a des sanitaires derrière une petite ouverture dans le mur, avec deux toilettes – à la turque –, une douche, un évier muni de deux robinets qui gouttent pour faire la vaisselle, un lavabo séparé pour se laver les mains et un miroir en plastique. Deux grandes bassines sont également rangées là pour la lessive, et une corde à linge est tendue au-dessus. (Dans les prisons iraniennes, on lave son linge soi-même.) D'immenses ventilateurs sont installés dans les vitres au-dessus des toilettes. Ils font autant de bruit qu'un lave-linge des années 1990 en mode essorage. La zone est aussi celle où on fume et où on range les poubelles. Deux fils nus dépassent du mur là où il devrait y avoir un interrupteur : pour s'allumer une cigarette, le prisonnier les met simplement en contact jusqu'à ce qu'ils soient rouges.

L'aîné des trois Bahreïnis, Abou Hassan – il doit approcher de la soixantaine – me dit de prendre son lit, en bas, et qu'il dormira sur celui au-dessus. Il parle un peu anglais. J'essaie de protester, mais il ne veut rien entendre. Il me donne un thermos pour le thé et on me trouve des couvertures, ainsi qu'un oreiller. Quelqu'un va à l'Interphone réclamer une brosse à dents et une serviette pour moi. Quelques minutes après, le guichet s'ouvre et un prisonnier travailleur nous tend les objets demandés. Benjamin m'explique que, si je veux prendre une douche, il faut que j'attende 22 heures, après l'appel du soir, car je n'aurai pas d'eau chaude avant. Le matin, il y en a jusqu'à 11 heures environ. Heureusement que je suis un lève-tôt.

On m'emmène, avec Benjamin qui me servira d'interprète vers le farsi, au centre médical pour un électrocardiogramme. L'infirmier, aimable, dont je saisis le prénom au vol – quelque chose comme Josep –, pose les électrodes sur mon torse et lance la machine. Il regarde le graphique qui en sort et recommence l'examen d'un air perplexe.

« Vous avez un problème cardiaque ?

— Oui, et j'ai besoin de mon traitement. »

Il griffonne quelques mots sur un papier et on me fait passer dans une autre salle, où un médecin rédige une ordonnance.

« Tout va bien ! me déclare ce dernier avec un grand sourire.

— Pourquoi me faites-vous une ordonnance de cinq lignes si “tout va bien” ? »

Cette fois, il ne répond pas.

« Je ne fais pas confiance à l’autorité carcérale, et à vous non plus, dis-je. Je ne prendrai pas vos médicaments. »

Il se contente de hausser les épaules et je retourne en cellule.

Le repas du soir est amené jusqu’à notre bloc et franchit la porte principale sur un chariot comprenant deux énormes marmites et du pain frais. Il revient maintenant aux prisonniers travailleurs de répartir la nourriture dans des bacs plus petits, selon le nombre de détenus dans chaque cellule. C’est très improvisé, des morceaux de pain tombent par terre. Une partie de la nourriture est mise dans des boîtes en plastique individuelles : j’apprends que c’est pour les cellules dont les occupants seront exécutés le lendemain matin.

Les prisonniers travailleurs sont eux-mêmes des détenus. Ils accomplissent les tâches du quotidien dans les blocs : ménage, distribution des repas, courses diverses pour les gardiens. Ils escortent aussi les prisonniers jusqu’au centre médical, au gymnase ou à la bibliothèque. Chaque bloc compte un chef des prisonniers travailleurs, lui aussi un détenu, qui organise l’équipe. Certains d’entre eux peuvent se déplacer librement dans la prison. Ceux du centre médical portent une chemise bleu ciel à col Mao. Ceux qui travaillent aux cuisines sont également faciles à reconnaître, car leur uniforme est orange vif.

Juste avant 22 heures, une voix résonne dans le haut-parleur. Benjamin m’explique que c’est le dernier des trois appels quotidiens. Nous devons tous nous aligner à genoux par terre. La porte s'ouvre sur un gardien en civil et un prisonnier travailleur qui viennent nous compter. Le gardien a un sourire pour moi quand il me demande mon nom et que je réponds : « Bernard Phelan. Père, Vincent. » Aussitôt qu'il est parti, je fonce vers les sanitaires pour me laver. Le mur m'arrive à l'épaule et je dois caler la porte avec un bout de carton. C'est ma première douche digne de ce nom depuis mon arrestation. Je reste longtemps sous l'eau chaude, et Benjamin m'a gentiment donné un peu de shampooing et de savon.

Il me montre ensuite sa bibliothèque. C'est fabuleux de pouvoir converser en français, une langue que nous sommes les seuls dans la cellule à comprendre. Benjamin a reçu des livres venant de sa famille et de ses amis par l'intermédiaire de l'ambassade de France à Téhéran. Au début de sa peine, l'ambassade lui a aussi imprimé des ouvrages de Jules Verne. J'ai tendance à ne lire qu'en anglais, mais il m'a recommandé un polar en français, *L'Affaire Alaska Sanders* du Suisse Joël Dicker. Je suis fou de joie d'avoir enfin quelque chose d'autre que mes guides de voyage à me mettre sous la dent.

Le volume de la télé dans la cellule est réduit à un murmure. Je me mets au lit et je commence à dévorer le roman de Dicker. Comme les lumières ne sont jamais éteintes, nous avons la permission de tendre des rideaux devant nos lits. Il y a une caméra au-dessus du frigo, grâce à laquelle les gardiens peuvent nous surveiller. Il y en a aussi une dans les sanitaires. Vers 23 heures, ils éteignent toutes les télévisions à distance. La lumière, en revanche, reste allumée à plein régime toute la nuit, rendant le sommeil presque impossible.

8

La vie en prison

24 octobre 2022. La promesse d'un coup de téléphone à Roland ne s'est pas concrétisée. On ne me l'a pas accordé le lendemain, ni le surlendemain. J'ai peu à peu compris que je risquais de devoir patienter un moment. Une semaine après mon arrivée et ma première journée surréaliste, j'attends toujours.

Je connais bien la routine matinale, à présent. Le premier appel à la prière, à 4 heures du matin, me réveille, et je vois mes compagnons religieux aller se laver à la salle de bains, prendre leurs tapis de prière et les orienter vers La Mecque, la direction de mon lit. Ce qui fait que Abou Hassan, qui dort sur le lit juste au-dessus, prie à quelques centimètres de moi. Ça ne fait pas beaucoup de bruit, mais l'un des plus jeunes a tendance à beaucoup pleurer, ce que je trouve perturbant. Je reconnais le mot « Allah » dans ses prières suppliantes, et des larmes roulent sur ses joues.

Un broc d'eau chaude et un petit déjeuner sont ensuite livrés par un prisonnier travailleur. Vers 8 heures, c'est le premier appel, qui oblige tout le monde à se lever. Ibrahim, l'un des Bahreïnis, reste au lit jusqu'au dernier instant et se laisse tomber au sol. Après le décompte des prisonniers, la plupart se recouchent. Abou Hassan est chargé de répartir ce que nous avons reçu pour le petit déjeuner. Cela peut être un fromage de type feta qui doit être découpé en morceaux, souvent accompagné de dattes. D'autres jours, nous pouvons recevoir des petits pots de confiture de carotte, une spécialité iranienne, ou des barres de halva, un délice du Moyen-Orient à base de sésame ; c'est très sucré. Le pain, distribué la veille au soir, se trouve dans une boîte à côté du broc. Il y a aussi du thé en vrac dans un récipient en plastique, et du riz dans un autre.

Je prends mon petit déjeuner debout, en utilisant le lit au-dessus de celui de Benjamin comme table. Ensuite, une douche chaude. La brosse à dents fournie par la prison s'est cassée en deux dès le premier matin.

Dans la cellule, il y a un planning pour le ménage, collé à côté de l'agenda de prière. En principe, c'est un prisonnier différent qui se charge de cette tâche chaque jour, généralement quand les autres sont en promenade. Cela consiste essentiellement à balayer la pièce. Les ordures sont descendues dans la cour. Les sanitaires sont nettoyés le soir, quand chacun a fait sa vaisselle après le dîner. Les produits d'entretien sont fournis par la prison. Comme Reswan, le Pakistanais, n'a aucun moyen de se procurer de l'argent, la plupart d'entre nous lui payons l'équivalent de moins d'un euro pour prendre notre tour à notre place. La « comptabilité » est assurée par le prisonnier travailleur qui tient la boutique. Reswan gagne aussi sa vie en faisant la lessive (sauf les sous-vêtements) pour les autres prisonniers, y compris ceux des autres cellules de notre bloc.

Nous avons le droit à une promenade dans la cour deux fois par jour pendant quarante-cinq minutes. Les heures de ces sorties changent environ tous les quinze jours pour être réparties équitablement entre les cellules du bloc. Officiellement, il ne devrait jamais y avoir de mélange entre les prisonniers. En réalité, des détenus sont régulièrement déplacés pour diverses raisons, ce qui nous permet d'en rencontrer certains qui purgent une longue peine. Les nouvelles vont extrêmement vite : tout le monde est rapidement au courant qu'il y a un Irlandais en cellule avec Benjamin.

La promenade est aussi le moment où nous pouvons passer des coups de fil (uniquement à l'intérieur du pays) et utiliser la cuisine. On nous accorde un temps de cuisine plus long le soir, pendant environ une heure et demie, où la grille de la cour est fermée et verrouillée par un gardien. Je ne vois pas du tout pourquoi, étant donné qu'il n'y a aucun moyen de s'évader par là.

Benjamin m'explique que je dois faire une demande de carte pour me servir du téléphone, ce qui suppose de donner jusqu'à cinq numéros iraniens que j'aimerais appeler. Je dois aussi demander une carte de paiement de la prison pour pouvoir faire des achats à la boutique du bloc. Benjamin me prête sa carte de téléphone pour que je contacte l'ambassade de France à Téhéran. Il me prévient qu'un message enregistré passe toutes les deux minutes pour informer l'interlocuteur que l'appel vient d'un prisonnier.

J'arrive à joindre le consul, Christian Furceri, qui s'attendait à mon coup de fil. Le moment est assez émouvant, car il a des nouvelles de ma famille. Il me donne également le numéro de portable du chargé d'affaires irlandais, Justin Ryan, basé à l'ambassade d'Allemagne à Téhéran. Les Irlandais ont réduit leur présence dans le pays, et leur ambassadeur est quant à lui basé à Ankara. Je réussis à dicter des messages pour tout le monde en Europe, une tâche qui me fait fondre en larmes. Je demande à Furceri s'il a la moindre information sur mes traitements médicaux. Il m'explique que Roland a livré un colis au ministère à Paris, lequel partira par la valise diplomatique qui arrive tous les dimanches à Téhéran. Les médicaments seront apportés au ministère iranien de la Justice pour être transmis à Machhad. Le consul estime qu'ils devraient mettre encore une semaine avant de parvenir jusqu'à moi. Il m'indique qu'une visite consulaire a été demandée pour moi, mais qu'elle doit être approuvée par les autorités iraniennes.

Je ne peux pas appeler Justin Ryan parce qu'il ne figure pas sur la carte de Benjamin, mais je suis désormais en mesure d'ajouter son numéro sur ma propre demande de carte, ainsi que le portable de son avocate, Mme Halami.

Lorsque je raccroche au terme de cette conversation, d'autres détenus attendent le téléphone et il ne me reste pas beaucoup de temps pour la promenade.

La cour mesure environ vingt-cinq mètres sur dix. Les murs doivent faire dans les sept mètres de haut. À un bout, une jardinière carrelée contient des plantes, dont deux bananiers. À l'autre, les poubelles, qui sont vidées tous les jours. Les restes de riz sont jetés par terre pour nourrir les moineaux et les pigeons, et le sol à cet endroit est jonché de cafards morts. En dehors de cela, toutes les surfaces dans la prison sont d'une propreté extrême. En Iran, l'hygiène est prise très au sérieux, qu'il s'agisse de la propreté personnelle ou de celle des espaces publics. Un banc de pierre est installé juste à droite de la grille, ainsi qu'un autre contre le mur d'en face. Les détenus ne se servent jamais des équipements de gym en plein air. Il faut croire que tout le monde se fiche de rester en forme. Les prisonniers travailleurs les utilisent peut-être quand nous sommes en cellule, à moins qu'ils préfèrent l'autre salle de sport, à laquelle Benjamin et moi n'avons pas accès.

Un cageot en plastique est attaché sur le rebord de la fenêtre du couloir du bloc 5. Benjamin m'explique que les détenus l'ont mis en place pour essayer d'attraper des pigeons. Je n'en ai jamais vu s'approcher de ce piège improvisé : j'imagine qu'ils n'ont pas envie de finir en dîner.

Benjamin et moi nous asseyons sur le banc de pierre pour prendre le soleil de la fin d'automne et bavarder. La plupart de nos compagnons de cellule marchent deux par deux de long en large dans la cour. Reswan et Taj ont tendance à rester ensemble. Karim et Morthasa font de la marche rapide, d'un pas synchronisé. Les autres sont avec des prisonniers travailleurs, déambulant ou assis sur le banc, occupés à fumer et converser. À cause des hauts murs qui nous entourent, on a un peu l'impression de se trouver au fond d'une piscine profonde et vide. Il y a une caméra à un bout de la cour : comme personne ne sait vraiment si elle capte le son, nous avons pour habitude de discuter à l'autre bout.

Benjamin me dit que les « droit commun » parlent rarement de leurs crimes, il faut donc assembler les bribes d'informations glanées ici et là. Je sais que Machhad est une importante plaque tournante du trafic de drogue en raison de sa proximité avec l'Afghanistan, à cent cinquante kilomètres à l'est, et d'un aéroport international offrant des vols directs vers Dubaï, Abu Dhabi et Ankara, entre autres.

Tout d'abord, il me parle des trois Bahreïnis, emprisonnés pour trafic de stupéfiants. Les deux plus jeunes sont cousins et ils dorment sur les lits du bas en face de nous. Abdullah, surnommé « le plus jeune des trois », était agent de police à Bahreïn, affecté à la circulation routière. Son cousin, Ibrahim, « le plus dormeur des trois », est un pro de la came. Il paraît qu'il sait absolument tout sur les substances prohibées, leur composition chimique et leurs effets sur ceux qui les consomment. Il a de l'argent et paie tout pour les deux autres. Il reçoit quotidiennement de la méthadone d'un infirmier du centre médical. Abou Hassan, « le plus âgé des trois », a déjà fait de la prison, comme ses compatriotes, mais pas en Iran. C'est un musulman très pieux.

Ces trois-là ont déjà fait des séjours similaires pour trafic de drogue au Koweït, en Arabie saoudite et aux Émirats arabes unis.

Le Turc, Hassan, parle bien anglais et est surnommé « Gilet-Jaune », comme les manifestants français, parce qu'il porte souvent une chemise de cette couleur. Il était chauffeur routier et s'est fait prendre avec une énorme cargaison d'héroïne. Il a échappé de peu à la peine de mort, et a été condamné à plus de vingt ans d'emprisonnement. Il est à Machhad depuis environ sept ans. J'ai entendu dire que c'est une sale engeance, un vrai hypocrite qui adore semer la discorde.

Puis il y a Reswan, du Pakistan. Il a la petite vingtaine, vient d'un milieu paysan, et lui aussi est très pieux. Apparemment, il a été arrêté à l'aéroport de Machhad alors qu'il tentait de faire passer de la drogue pour quelqu'un au Pakistan. Il est marié et père d'une toute petite fille, et assure qu'il ne savait pas qu'il transportait de la drogue. Sa sentence n'a pas encore été prononcée, mais tout le monde a compris qu'il n'était pas près de rentrer chez lui. Il a un lit au bout de la pièce, à côté de Gilet-Jaune.

Essan est le jeune Iranien mentalement dérangé avec qui j'ai fait connaissance le premier jour, qui est là pour avoir molesté un enfant. Il a dix-neuf ans et il vivait chez ses parents à Machhad avant d'entrer en prison. Il ne parle pas beaucoup. À cause de ses difficultés intellectuelles, les autres détenus prennent soin de lui, lui donnent à manger et de quoi se vêtir. Il a un lit au deuxième niveau, juste à côté de la porte.

Taj, l'un des prisonniers politiques, est âgé de quarante-sept ans et en a déjà passé sept en prison. Il vient des alentours de Bojnurd, une ville que j'ai traversée avec Mike en venant à Machhad, où il avait une affaire d'import-export. Il importait du matériel médical allemand et exportait du GPL au Pakistan. Musulman sunnite pieux ayant fréquenté pendant dix ans une madrasa (une école islamique) au Pakistan, Taj est marié et sa femme essaie de venir le voir régulièrement. Il a été condamné à mort avec cinq autres. Quand il mourra, ça, il n'en sait rien. Il se pourrait qu'il passe encore des années en prison – cela fait partie du châtiment pour les activités politiques en Iran. Il parle un peu anglais et aussi ourdou, si bien qu'il aide beaucoup Reswan. Taj a un lit en bas, de notre côté de la cellule. Celui au-dessus du sien contient toutes les affaires qu'il a accumulées en sept ans.

Ensuite, Karim, la vingtaine, un beau jeune homme, grand et bien bâti. Il vient de Torbat, une ville située à environ quatre-vingt-dix kilomètres au sud de Machhad, où il était maçon. Karim est divorcé et a une petite fille. Il était en liberté conditionnelle (une pratique courante en Iran) et a été ramené pour deux mois, mais il est toujours détenu six mois plus tard. Son lit est derrière le mien, un étage plus haut.

Morthasa, un jeune berger, est aussi de Torbat. Un petit râblé de vingt et un ou vingt-deux ans, toujours en train de rire et de plaisanter, mais qui n'a pas peur de dire ce qu'il pense. Il est très ami avec Karim, et jusqu'à présent il est aussi très amical avec moi. Il a le lit en dessous de celui de Karim.

Et puis il y a le chef de la cellule. Benjamin ne connaît pas son vrai nom : tout le monde l'appelle le Chien. Il est haï de tous. Il a un lit tout au bout de la pièce, mais il paraît qu'il en change de temps en temps. Ses effets personnels sont étalés sur trois lits vides.

Le haut-parleur de la cour signale la fin de la promenade. Un prisonnier travailleur nous rassemble et nous enferme en cellule. Là, Benjamin entreprend de me raconter son histoire et ses années en prison. Il me dit qu'il voyageait à bord d'un van aménagé après s'être mis en disponibilité de son emploi dans le Golfe. Il a presque toujours travaillé à l'étranger, à Dubaï et à Tokyo. C'est à Tokyo qu'il a rencontré sa dernière petite amie, la fille de l'ambassadeur d'Algérie au Japon. À Dubaï, il organisait des concerts et des événements sportifs. Il a posé un congé sabbatique pour son road trip dans le nord de l'Iran, et devait rentrer à Dubaï pour participer à l'organisation la Coupe du monde de football 2023 au Qatar. Il est resté longtemps en Iran, où il a passé le dernier confinement du Covid.

Au moment de son arrestation, il a été malmené par les agents de la sécurité. Il a d'abord été enfermé dans une prison beaucoup plus petite, dans une ville au nord de Machhad. C'est là qu'il a appris à s'exprimer presque couramment en farsi, car quasiment personne n'y parlait anglais, et absolument personne ne connaissait le français. Au bout de quelques mois, il a été transféré à Machhad. C'est à ce moment-là, je pense, qu'il a commencé à avoir quelques contacts avec l'ambassade de France à Téhéran. L'ambassadeur précédent ne lui a jamais rendu visite en prison.

Benjamin a eu des relations houleuses avec l'ambassade avant mon arrivée. Il a même demandé à ce que le consul, Christian Furceri, cesse de venir le voir. Furceri est marié à une Italienne qui vit à Rome avec leurs filles. D'après Benjamin, il ne connaît pas grand-chose à l'Iran. Je crois qu'il ne sort de Téhéran que pour ses visites consulaires à Machhad et à Shiraz, où se trouve un autre détenu français, Olivier (son nom de famille n'a jamais été rendu public). Ses rapports à la famille de Benjamin se réduisaient à trois mots : « Il va bien ! » Benjamin m'explique qu'il ne veut pas se retrouver redevable envers les autorités françaises en leur demandant de lui expédier des choses, comme des vêtements ou des livres. Tout ce qu'il possède lui a été envoyé par ses proches. Malgré cela, il a réussi à améliorer son quotidien, grâce à son atelier de maroquinerie. Il a appris à travailler le cuir dans la prison précédente et connaît maintenant une bonne partie des prisonniers travailleurs du bloc. Son atelier lui a aussi permis de rencontrer beaucoup d'autres prisonniers politiques.

Benjamin m'a déniché une assiette et une cuiller en fer-blanc. Il n'y a ni couteaux ni fourchettes. Il m'a aussi prêté sa carte de paiement pour que je puisse m'acheter divers articles à la boutique. Le déjeuner arrive dans de grosses marmites, avec du pain frais. Malheureusement, la nourriture n'est jamais très chaude : quand la promenade a lieu peu après l'heure du repas, j'apporte mon assiette à la cuisine pour la réchauffer. Jusqu'à présent, nous avons quasiment toujours eu du riz avec un ragoût indescriptible, parfois presque noir ou vert foncé. D'autres fois, ce sont des morceaux de poulet flottant dans des lentilles, ou de temps en temps juste une marmite de riz avec du thon en boîte, le tout accompagné de yaourt.

Après le déjeuner, j'essaie de sommeiller, comme la plupart de mes compagnons. Mais ce n'est pas facile avec la télé allumée et le raffut de la ventilation, et je finis souvent par bouquiner.

Vers 16 heures, c'est le deuxième appel. Ensuite, l'activité reprend dans la cellule, la plupart d'entre nous commençant à nous occuper de notre repas du soir. Certains détenus, comme les trois Bahreïnis, préparent le leur ensemble. C'est un moment très convivial, car on a souvent besoin d'emprunter une casserole ou autre ustensile à un codétenu. Comme il n'y a pas de couteaux, on se sert de couvercles de boîtes de conserve pour cuisiner. Abou Hassan a une bande de papier de verre (dénichée je ne sais où) pour les aiguiser comme des rasoirs. Nous nous coupons tous à un moment ou un autre. Il y a malgré tout un couteau dans la cellule, qu'un détenu a fabriqué et caché, et que nous utilisons discrètement. Il y a même un épluche-légumes – allez savoir pourquoi, nous le surnommons « Macron ».

9

Un repas partagé

Un jour, Taj invite Benjamin et moi à partager son dîner, et nous l'aidons à éplucher et émincer. À l'approche de la pause du soir d'une heure et demie, les gens s'agglutinent près de la porte de leur cellule avec leurs casseroles, leurs ingrédients, leur huile et leurs épices, prêts à foncer à la cuisine pour s'approprier un des brûleurs de la gazinière. Tout doit être combiné pour que nous ayons fini avant d'être enfermés pour la nuit.

Essan, le détenu qui a des problèmes de santé mentale, est toujours le premier posté à la porte avant la promenade. Il y attend parfois une heure avant qu'on nous laisse sortir. Il est très dérouté chaque fois que l'horaire change, environ tous les quinze jours. Les autres détenus s'efforcent de lui expliquer que ce n'est pas encore l'heure. Essan s'impatiente tellement qu'il braille dans l'interphone du bureau des gardiens. En général, il se fait envoyer sur les roses.

Quand on nous laisse sortir, j'accompagne Benjamin à la boutique, située juste à côté. C'est une ancienne cellule minuscule. Je suis présenté au tenancier, un prisonnier travailleur.

Il y a deux congélateurs, des étagères d'épicerie et d'articles de toilette, ainsi que quelques vêtements, sous-vêtements et chemises. Je m'en achète deux à manches courtes, ainsi que deux caleçons, dont un est décoré d'images de Mickey ! Je commande un pantalon, car il y a peu de chances que je récupère mon jean. Nous achetons aussi une nouvelle brosse à dents, du dentifrice, du shampooing, des rasoirs jetables, de la mousse à raser, des bonbons, des biscuits, du thon et du maïs en boîte, de l'huile de cuisine, des œufs, des pâtes, une boîte de dattes, un cahier et des stylos. Selon les critères européens, tout est très bon marché : aussitôt que j'obtiendrai ma propre carte de paiement, j'achèterai souvent des bonbons ou des biscuits pour mes codétenus. Il y a même du Coca et du Sprite, très appréciés par les prisonniers. Ces sodas sont fabriqués sous licence en Iran malgré les sanctions américaines. Benjamin renouvelle son stock de cigarettes : une cartouche coûte l'équivalent de trois euros.

Certains produits frais paraissent un peu douteux. Il y a des tomates dans un cageot, pas en très bon état, mais nous n'avons pas le choix. Il y a du beurre, mais il est rance. Le freezer contient du poulet congelé, mais Benjamin me dit qu'on ne peut pas vraiment savoir comment il a été transporté sur place. Il a pu dégeler et regeler, et la dernière chose qui me fasse envie est une intoxication alimentaire. Benjamin tend sa carte de paiement et donne oralement le code. (C'est normal en Iran.) Nous rapportons nos courses à la cellule avant de descendre aider Taj pour le dîner.

Comme il y a souvent des prisonniers travailleurs à la cuisine, la concurrence pour les six brûleurs fait rage. Le plus proche de la porte n'est pas très demandé à cause du courant d'air. L'endroit dispose aussi d'une grosse bouilloire, tout au bout, à côté des fenêtres. Celles-ci n'ont pas de vitres, sans doute parce que les autorités tiennent à ce que les lieux soient bien ventilés. Il y a un grand évier et une table. En général, au moins un brûleur est toujours allumé, et comme les allumettes et les briquets sont interdits dans la prison, des spaghettis ont été placés dans un verre pour allumer les autres. Chacun dispose d'une petite serviette pour empoigner les poêles et casseroles chaudes. Les gens vont et viennent sans cesse, passant des coups de fil ou fumant à côté de la grille, le seul endroit à part la boutique qui ne soit pas surveillé par une caméra.

Benjamin me montre ensuite son atelier de maroquinerie, situé non loin de la cuisine, dans une ancienne cellule en face de celle des prisonniers travailleurs. Cette dernière héberge une dizaine d'hommes, et d'après ce qu'on entrevoit quand la porte est ouverte, elle semble bien plus confortable que la nôtre. Dans l'atelier, Benjamin dispose d'une petite table individuelle et d'étagères. Une caméra est accrochée dans un coin. Les prisonniers aiment bien y venir bavarder. Comme il a le droit d'y travailler en dehors des heures normales, il a pu rencontrer la plupart des détenus du bloc. C'est ainsi que les nouvelles et les infos circulent. Les prisonniers peuvent lui passer un message à transmettre au prochain groupe qui viendra en promenade, les détenus d'une cellule n'étant jamais autorisés à se mêler à ceux des autres.

Benjamin possède une grande variété d'outils, qu'il a accumulés au fil du temps. Très méticuleux, il déteste le désordre, et il est contrarié quand les prisonniers travailleurs laissent du bazar derrière eux. Il a un stock de cuir, qu'il garde dans notre cellule au-dessus de son lit. Il a pu acheter des patrons à l'extérieur, tout comme ses outils, en payant un garde pour qu'il se les procure. Donc s'il veut faire une sacoche, par exemple, il trace les différents morceaux dont il a besoin, puis découpe les pièces et y perce les trous nécessaires. La suite, la partie couture, peut être réalisée dans la cellule.

À la sortie de l'atelier, il y a une petite boîte aux lettres. Devinez ce que c'est ? Une boîte à idées, pour faire des suggestions aux autorités carcérales. Je n'ai jamais vu personne s'en servir !

Nous remontons en cellule pour le dîner. Taj est très organisé : il a même une nappe en plastique, qu'il étale par terre, et nous offre des mouchoirs en papier en guise de serviettes. Il a préparé un délicieux repas à base d'aubergines, d'oignons et de tomates avec beaucoup d'ail. Il pose le plat au milieu, et nous nous asseyons autour avec nos assiettes, nos cuillers et nos verres. Nous mangeons en silence, après quoi il nous offre des dattes qu'il s'est procurées à la boutique. Taj a tendance à acheter des stocks importants parce qu'il sait que tel ou tel article ne sera peut-être plus disponible pendant un moment. Une fois, je l'ai vu sortir de la boutique avec au moins dix boîtes de dattes, et une autre fois avec une montagne de boîtes de mouchoirs en papier.

Nous mettons à profit la pause du dîner pour passer des coups de fil, si l'horaire correspond aux heures d'ouverture des bureaux à Téhéran, mais le fait que les prisonniers travailleurs ont tendance à monopoliser un ou deux téléphones – alors qu'ils sont libres de leurs mouvements toute la journée dans le bloc, même une fois tout le monde enfermé pour la nuit – ne nous facilite pas la tâche. Apparemment, le règlement exige qu'ils laissent deux téléphones à la disposition des détenus ; j'ai découvert que cette règle, comme tant d'autres, n'était pas appliquée. Le pire contrevenant est le chef de bloc, celui qui supervise les prisonniers travailleurs. Il a aussi la concession de la boutique à côté de notre cellule. Il perçoit un pourcentage de la recette, et comme notre bloc détient principalement des prisonniers politiques, ce commerce est plutôt prospère. Certains détenus sont médecins ou politiciens : ils ont des proches qui peuvent leur envoyer de l'argent sans problème.

La plupart des détenus mettent au frigo une partie des plats distribués par la prison, pour les ajouter plus tard aux plats qu'ils se préparent eux-mêmes. Après le repas du soir, certains jouent au backgammon ou simplement bavardent. À 19 heures, nous avons le journal télévisé, que nous surnommons « l'heure des mensonges ». En prison, nous ne recevons que les chaînes d'État : elles sont nombreuses, dont une anglophone appelée Press TV. Le journal du soir tend à se focaliser sur les prix du poulet, de l'huile de moteur, du pain et des œufs. L'inflation étant galopante en Iran, le reporter entre dans les boutiques pour interroger les gens sur le prix actuel de diverses denrées. En général, il y a aussi des porte-parole du ministère des Affaires étrangères et/ou du ministère de la Justice qui viennent parler d'une faute ou une autre commise par l'Occident. Le journal passe aussi beaucoup d'images des derniers missiles et drones iraniens. À la fin, une famille pauvre qui a perdu un proche, récemment ou lors de la guerre Iran-Irak il y a presque quarante ans, est interviewée. Il y a peu de nouvelles du monde, et pas de bulletin météo. Les publicités émanent généralement de trois ou quatre entreprises qui appartiennent aux gardiens de la révolution ou au clergé. La population iranienne ne regarde pas ces inepties : tout le monde se branche sur les chaînes par satellite diffusées depuis entre autres les États du Golfe.

Depuis mon lit, j'ai une vue dégagée sur la télévision. Benjamin et Taj m'expliquent de quoi on y parle. Après le journal, il y a souvent un film, en général un thriller américain ou une série historique iranienne. Les détenus du fond de la cellule rapprochent leurs oreillers et couvertures de l'écran. Il y a aussi un trafic de DVD passés en douce, car l'un des prisonniers a acheté un lecteur. À condition d'en avoir les moyens, on peut en effet se procurer certains articles, comme un lecteur de DVD, donc, une télé, un frigo, des poêles et casseroles. Les DVD sont souvent des films américains violents, doublés en farsi. Toutes les scènes montrant des femmes sont coupées. La VO n'est jamais disponible car, d'après Taj, ça donnerait encore plus de travail aux censeurs !

Peu après le film, le guichet s'ouvre pour la distribution des médicaments. Un prisonnier travailleur et un infirmier ont de petites boîtes rondes marquées au nom des détenus. Ils déposent ou versent le médicament, cachet et/ou poudre directement dans la main du prisonnier. Celui-ci doit alors avaler sa dose devant eux.

Le dernier appel de la journée a lieu à 22 heures. C'est drôle de voir le gardien en chaussettes prendre un air sérieux avec son porte-bloc.

Plus tôt, pendant la pause, je suis allé jusqu'à la grille de la cour pour regarder la lune entre les barreaux. C'était étrange de penser qu'à des milliers de kilomètres, ma famille et mes amis étaient peut-être en train de la regarder aussi.

10

Une visite de George

Un matin, la porte s'ouvre et on m'appelle. Benjamin propose de m'accompagner, mais le prisonnier travailleur refuse. On ne me dit pas où je vais. Benjamin demande au détenu ce qu'on me veut, mais pas de réponse. L'homme me conduit en bas en silence.

Il m'a fallu du temps pour décoder la hiérarchie des gardiens et des employés, et de leurs différents uniformes. En dehors des prisonniers travailleurs, l'autre grand groupe est celui des employés en civil. Ils travaillent pour l'administration de la prison : par exemple, ce sont eux qui regardent les écrans de surveillance, ou qui sont assignés à l'aile médicale. Les plus gradés sont les employés non civils. Les officiers carcéraux (généralement armés) sont en uniforme, avec plus ou moins de galons sur leurs épaulettes selon leur grade. Ensuite, il y a ceux qui font leur service militaire : ceux-là sont généralement jeunes, vingt ans et quelques, et ne semblent porter une arme que dans les minibus qui conduisent les détenus au tribunal ou ailleurs à l'extérieur. Enfin, il y a des militaires de carrière, en treillis couleur sable. Parfois, ils ont même un gilet pare-balles. Ils sont postés à des endroits comme le vestiaire, où les vêtements sont déposés à l'entrée, et ils sont chargés d'escorter les prisonniers jusqu'au point de contrôle de la sortie ou à la salle des visites consulaires.

Dans un couloir en bas de l'escalier de mon bloc, il y a d'autres détenus que j'ai rarement vus. L'un d'eux est un vieux monsieur qui se tient très droit, au visage incroyablement ridé. Il me salue en anglais et me serre la main. Le prisonnier travailleur l'envoie paître et nous continuons d'avancer jusqu'à la porte à côté du bureau des gardiens. Là, on me dit d'attendre. À ma gauche, un rideau est tiré. J'apprendrai plus tard que, derrière ce rideau, il y a une fenêtre qui donne sur l'une des deux cellules des condamnés à mort.

Un autre prisonnier travailleur sort du service de la sécurité, où je vais faire de fréquentes visites dans les mois à venir. Nous traversons un local qui contient deux bureaux, empruntons encore un petit couloir et entrons dans une autre pièce. À ma grande surprise, George est là, avec deux hommes.

« Bonjour, dis-je. Et si vous me le rendiez, ce livre ? »

Il m'a emprunté *The Forging of a Rebel* d'Arturo Barea à notre première rencontre, et il l'a toujours. Il sourit et me répond qu'il ne l'a pas encore terminé.

« Je suis venu pour vous parler des poteries, vous vous souvenez ? »

Bien sûr que je m'en souviens.

« Les deux tessons trouvés dans votre sac sont très anciens, vous le saviez ?

— Non.

— Eh bien, ils le sont. Neuf cents ans. »

Il attend ma réaction. Comme je n'en ai aucune, il ajoute :

« Je dois vous faire signer une déclaration. Vous devez dire que vous les avez volés.

— Pas question. Je ne signerai rien. »

Il réfléchit un instant.

« Alors voudriez-vous enregistrer une déclaration ? »

L'un des hommes sort une caméra vidéo.

« Vous dites juste que vous n'auriez pas dû prendre les tessons.

— Non. Je ne dirai pas que je les ai volés. Mais je veux bien dire que c'est une erreur de les avoir emportés. »

Il hausse les épaules et accepte. Donc, face à la caméra, je fais la déclaration. Ensuite, George incline sa chaise en arrière, tout sourire, et me lance :

« J'espère que vous êtes content de partager une cellule avec votre ami français.

— Oui. Mais pourquoi m'avez-vous raconté que je serais bientôt transféré à l'ambassade de France ?

— Les choses ont changé. »

C'est tout. Quelles choses, ça, il n'en dit rien. Je sais que c'est inutile de poser la question, car elle ne susciterait qu'un nouveau haussement d'épaules.

Le prisonnier travailleur, qui attendait dehors, est appelé pour me ramener en cellule. Je fais une lessive pour la première fois, profitant du fait qu'il est encore tôt et qu'il y a de l'eau chaude. Je trouve du détergent et je remplis d'eau une des bassines de la douche. Je me mets en slip, j'entre dans la bassine et je frotte de mon mieux. Une fois que j'ai tout rincé, j'étends mon linge sur le fil. L'air est tellement sec que mes vêtements sèchent vite.

Dans la cellule, assis par terre, je rédige des messages pour les dicter plus tard au consul. Tout à coup, Abou Hassan surgit des sanitaires, très agité. Il s'avère que je n'aurais pas dû faire sécher mes sous-vêtements à cet endroit-là ! On m'explique qu'il y a un fil le long du mur à côté de mon lit pour mes slips. On en apprend tous les jours.

Je m'inquiète du fait que j'aurai bientôt passé un mois entier sans médicaments. Pour l'instant, je ne constate pas d'effets secondaires visibles, mais je sais que certains des cachets que je prenais ne doivent pas être arrêtés d'un coup.

Après le déjeuner, le guichet s'ouvre et on me tend ma carte de téléphone, enfin ! Je vais pouvoir appeler Justin Ryan, le chargé d'affaires irlandais, et lui dicter un message pour mon père. Quand vient notre tour de sortir, Benjamin utilise sa carte de paiement pour mettre de l'argent sur ma carte de téléphone. J'arrive à joindre Justin. Je suis tellement heureux d'entendre un accent irlandais que j'en pleure. Justin fait preuve d'une grande patience et m'explique que le ministère des Affaires étrangères irlandais se démène pour me sortir de là.

Il m'apprend aussi qu'il a fait une demande de visite consulaire et qu'il attend la réponse des autorités iraniennes. Il se réunit régulièrement avec ses homologues de l'ambassade de France. Si j'ai besoin de quoi que ce soit, je dois le lui dire : il peut envoyer des colis à la prison. Je demande des livres en anglais, les mots croisés de l'*Irish Times*, des crayons et une gomme, des chaussettes, des pulls, un bonnet de laine et des sous-vêtements. Il m'assure qu'il me préviendra quand tout sera parti. Il est à Téhéran avec sa femme et ses enfants, qui fréquentent l'école internationale allemande. Il m'explique qu'il est responsable aussi de détenus irlandais aux Émirats arabes unis. J'imagine qu'il se croyait à un poste relativement tranquille jusqu'à ce que j'arrive !

Je dicte ma lettre à mon père. Justin fera en sorte que le ministère des Affaires étrangères à Dublin l'imprime et la poste : mon père devrait pouvoir la lire d'ici quelques jours.

11

Le Dr Honey

Un matin, peu après le petit déjeuner, un prisonnier travailleur vient me demander de le suivre. En bas, à côté du bureau des gardiens, il y a un portant avec des gilets jaune d'or, chacun marqué d'un numéro dans le dos. On m'invite à en enfiler un, et le garde actionne la porte de sortie de notre bloc. Nous parvenons dans un grand couloir, plein de gens arrivant au travail et de groupes de détenus portant des gilets d'autres couleurs. Je déduis vite que les rouges sont pour les prisonniers du bloc 5 et les blancs pour les jeunes détenus. Avec le prisonnier travailleur, Hussein, condamné pour viol, je traverse le couloir et j'entre dans le centre médical. Un prisonnier travailleur installé à un bureau est informé de qui je suis. Nous passons devant une salle équipée d'un vrai fauteuil de barbier, et je remarque qu'un autre prisonnier travailleur est en train de couper les cheveux d'un détenu. Puis nous dépassons une boutique, un peu plus grande que celle du bloc 6-1, et avançons jusqu'à un bureau, où Hussein donne mon nom aux gardiens.

Dans le couloir, nous passons devant des prisonniers assis en rang qui attendent devant les portes de divers services. Au-dessus de chaque porte, un panneau en farsi et en anglais : DENTISTE, RADIOLOGIE, PHARMACIE, etc. Il y a même un panneau « BUTTERY » (une cantine pour le personnel, dans un anglais un peu vieillot) ! La pharmacie dispose d'un guichet où les prisonniers travailleurs déposent des ordonnances pour recevoir les traitements des détenus des différents blocs. Quelques prisonniers me font signe ou me saluent en anglais. Je suppose que la plupart n'ont jamais vu un « vrai Européen », et je suis immédiatement remarqué. Nous entrons dans un petit local marqué « MÉDECIN ». À l'intérieur sont serrés trois bureaux. D'autres détenus sont déjà là, mais des prisonniers travailleurs en impeccable chemise bleu ciel les renvoient tous dans le couloir.

L'un des médecins m'indique un siège, me serre la main et se présente en anglais. Je le surnommerai Dr Honey parce que son nom ressemble à quelque chose comme ça. Il prend ma tension et mon pouls. Il connaît apparemment une partie de mon historique médical ; en particulier, il sait que je suis cardiaque et séropositif. Je lui explique que j'approche d'un mois sans médication pour ces troubles, et qu'il me faut aussi mon traitement quotidien pour réduire le risque d'AVC, ainsi qu'un antidépresseur. Il me déclare qu'il peut me trouver des médicaments iraniens. Je dis que je ne me fie à personne dans la prison et que j'attendrai que mes traitements arrivent de France. Il me prévient que je prends un gros risque. J'en conviens, mais puisque ce sont les autorités iraniennes qui sont responsables de mon incarcération, ce sont elles et les autorités carcérales qui seront blâmées s'il m'arrive quelque chose. Il m'implore d'accepter au moins quelque chose contre la tension. Je réponds que, si ses cachets font baisser ma tension, la prison pourra prétendre que je suis en bonne santé, ce qui ne serait pas exact et ne m'aiderait pas.

On me fait ensuite passer dans une autre pièce d'où, là aussi, les autres détenus sont chassés. On doit me faire une prise de sang. Un médecin me demande de remonter ma manche. Il ne se lave pas les mains, ne me nettoie pas la peau, ne pose pas de garrot. Il se contente d'attraper mon bras, d'enfoncer l'aiguille, de prélever ce qu'il lui faut et de me donner une petite boule de coton pour arrêter le sang.

Ensuite, retour dans la cellule.

À la télévision, nous voyons qu'il y a eu une émeute dans la prison d'Evin à Téhéran, où sont retenus la plupart des otages étrangers. Un incendie s'est déclaré, qui a tué quatre prisonniers et fait de nombreux blessés. L'idée d'un feu dans la prison me hante. Comment y échapperait-on, entre la porte métallique et les fenêtres à barreaux ? Il n'y a pas d'extincteurs dans le bloc. D'ailleurs, je n'en verrai jamais un seul dans la prison.

12

Premier appel à la maison

30 octobre 2022. Encore des œufs durs pour le déjeuner. C'est vite lassant avec juste du sel, mais je ne me vois pas les laisser. Le sel n'est pas excellent pour ma tension, surtout depuis que je suis privé de traitement. J'ai pris l'habitude d'inscrire la date sur les œufs, pour savoir jusqu'à quand je peux les consommer. J'apprends de Benjamin que nous recevons plus à manger que d'autres. Il me dit qu'il a convaincu le chef de distribuer nos restes aux autres blocs.

Manger par terre m'est très pénible. Mon dos n'était déjà pas en grande forme avant mon incarcération, et entre l'inconfortable sommier sans matelas et le sol dur, la douleur s'aggrave. C'est un élancement le long du bas de ma colonne, qui ne disparaît jamais vraiment. Sortir du lit ou me lever du sol me fait de plus en plus mal.

Après déjeuner, j'essaie de faire une sieste, mais le son de la télévision m'empêche de m'endormir. Gilet-Jaune passe sur la chaîne anglophone d'État Press TV, qui débite sa propagande anti-occidentale sous le slogan « La voix des sans-voix ». Cela me démoralise complètement. L'accent américain du présentateur et les inepties qu'il débite sont très durs à encaisser. Je me demande comment des Européens peuvent travailler pour une chaîne pareille. Leur correspondant à Bruxelles a l'accent irlandais. Je me dis que, si jamais je le rencontre un jour, j'aurai quelques vérités bien senties à lui assener. Benjamin et moi avons parlé de jeter la télécommande dans les toilettes. Il m'a raconté qu'une fois il avait retiré les piles et qu'il les avait balancées par une des rares fenêtres à barreaux que nous pouvons ouvrir.

Press TV adore montrer le moindre événement négatif qui se déroule en Occident, que ce soit un mouvement de grève, un incendie de forêt, un accident, ou des migrants essayant de traverser la Manche. C'est absolument déprimant. Je ne peux même pas fuir dans le sommeil tant que je n'ai pas reçu mes somnifères à la distribution du soir. J'attends la nuit avec impatience, car au moins quand je dors mon cerveau bloque tout ce qui va mal. Je ne fais jamais de cauchemars, depuis que je suis en prison, et je me réveille toujours bien reposé. Je ne sais pas du tout ce que me donne tous les soirs l'infirmier du centre médical, mais ça marche.

Quand nous, les détenus, avons des questions ou des demandes, nous devons remplir un formulaire acheté à la boutique. Il faut y indiquer à qui l'on s'adresse dans l'administration, et à quel sujet. Pour cette partie, nous sommes aidés par Taj ou Karim, et le reste est rédigé en anglais, daté (dans le calendrier persan, 2022 est l'année 1401[1]), signé et

1. Ce calendrier solaire, qui remonte au passé préislamique, divise l'année en 12 mois, le nouvel an (la fête de Norouz) correspondant à l'équinoxe de printemps. La division des mois est très différente de ce qu'elle est dans le calendrier occidental : les six premiers mois ont 31 jours, les cinq suivants

marqué d'une empreinte digitale. J'ai transmis mon premier formulaire il y a deux jours, pour demander à téléphoner à ma famille.

Aujourd'hui, première fois qu'on m'autorise à passer un coup de fil hors du pays, j'appelle Roland. J'ai toute une liste de choses à lui demander, mais nous ne faisons que rire de joie, heureux de pouvoir enfin nous parler, au point que j'en oublie ma liste. Pendant l'appel, je suis filmé par un gardien. On m'a dit de m'exprimer en anglais et de ne pas évoquer mon état de santé ni celui de mes codétenus. Cependant, Roland déclare qu'il ne parlera qu'en français : le connaissant, ça ne m'étonne pas. Nous discutons de tout et de rien, de la maison à Banyuls et des travaux qu'il y a faits avec nos amis. Au bout de dix ou quinze minutes, le garde m'indique du geste que mon temps est écoulé. Je regagne ma cellule avec un grand sourire.

Le lendemain matin, on m'amène à la sécurité, avec Benjamin comme interprète. Il y a là un colis à l'air prometteur du diplomate irlandais Justin Ryan. Je l'ouvre avec impatience. Avant même que j'aie pu en retirer les livres, on me dit d'inscrire sur un papier les titres des ouvrages et les autres articles qu'il contient, d'ajouter la date dans le calendrier persan et d'apposer mon empreinte digitale avant de retourner en cellule. C'est un peu Noël : il y a des polars en anglais, un recueil des mots croisés de l'*Irish Times*, un (faux) sweat-shirt Gucci, une couverture, des carnets, des crayons et une gomme. Sur le bordereau resté

30 jours, et le dernier 30, ou 31 les années bissextiles. Curieusement, la révolution islamique a gardé ce calendrier en place, sans imposer le calendrier musulman. Source : *Iran : le petit guide des usages et coutumes*, « Guides Bleus », Hachette.

dans le colis, je vois que j'aurais aussi dû recevoir des gants, des écharpes, des bonnets et des bouillottes, mais tout cela a dû être confisqué. De retour en cellule, j'apprends que ces articles sont interdits en prison. Les écharpes, je peux comprendre, car elles pourraient servir à se suicider ou à étrangler quelqu'un, mais le reste me laisse perplexe.

13

Le couloir de la mort

Novembre est arrivé. Tous les jours, je me réveille avec l'envie de parler immédiatement à Roland, à ma famille, à mes amis. Depuis mon premier coup de fil la semaine dernière, j'ai découvert que la règle pour les appels à la famille hors d'Iran est, sur le papier, que nous avons droit à un par semaine. Mais même cela nous est régulièrement refusé. Il n'est pas possible de passer des appels internationaux depuis les téléphones auxquels nous avons accès pendant la promenade : ces appels doivent être organisés à l'avance et sont surveillés.

L'Iran a soit trois heures et demie, soit quatre heures et demie d'avance sur l'Irlande (la demi-heure pour ne pas être dans le même fuseau horaire qu'Israël). Le dimanche matin vers 11 heures, Benjamin contacte généralement le bureau des gardiens par l'Interphone pour demander quand nous pourrons parler à nos proches. Ils répondent rarement. Benjamin les rappelle toutes les vingt ou trente minutes. La tension pour nous deux est toujours terrible. Parfois, on nous dit que la ligne est hors service, qu'il n'y a personne pour surveiller les appels, ou encore que la facture n'a pas été payée.

Je m'énerve toujours beaucoup en attendant. Chaque fois que j'entends des pas dans le couloir, je me demande si c'est pour venir nous accompagner au téléphone. Si et quand Benjamin est enfin convoqué pour son coup de fil, je sais que je passerai tout de suite après. Je commence à craindre de n'arriver à joindre personne ; si on ne décroche pas, aurai-je le temps d'essayer un autre numéro ? On m'autorise à appeler un des trois numéros indiqués à l'avance : mon père, Roland, ma sœur Caroline. Quand arrive mon tour, j'essaie d'abord le portable de mon père. Comme c'est particulièrement compliqué et stressant de lui fixer un rendez-vous téléphonique, c'est toujours une surprise quand il décroche. Si je ne peux pas le joindre, j'appelle Roland ou Caroline. Une fois de retour dans notre cellule, Benjamin et moi échangeons les dernières nouvelles de France et d'Irlande. Sa sœur, Blandine, parvient généralement à mettre sur pied un appel à plusieurs sur Skype, ce qui fait qu'en un seul appel il peut parler à sa mère et à d'autres membres de sa famille, voire à ses amis.

Cet après-midi, sous un grand ciel bleu, Benjamin et moi faisons un tour dans la cour. Tout à coup, nous nous mettons à chanter, à pleine voix, pour le plus grand amusement des autres détenus. Nous chantons *La Marseillaise* à tue-tête. Les paroles sont approximatives, mais en tout cas on s'amuse bien. Le haut-parleur nous intime alors de nous taire. Une fois la pause terminée, nous allons au bureau des gardiens demander quel est le problème. Le gardien nous répond que ça ne le dérange pas qu'on chante, mais qu'il faut le faire à l'autre bout de la cour parce qu'il essaie de dormir.

Je comprends enfin ce que me rappelle cette cour : la prison de Kilmainham, à Dublin, transformée en musée. Dans la cour de Kilmainham, des croix marquent les emplacements où les révolutionnaires de l'insurrection de Pâques 1916 furent exécutés. Au sommet des hauts murs menaçants de la prison centrale de Machhad, un garde patrouille, mitraillette à l'épaule. Souvent, il nous fait coucou de la main et nous lance une salutation. Je me demande si c'est parce que nous sommes principalement des prisonniers politiques et non de droit commun.

Dans la cour, il y a parfois de pauvres coccinelles par terre entre les cafards morts. Aujourd'hui, Benjamin et moi les mettons dans la jardinière.

La cour se trouve juste sous le couloir des avions qui décollent de Machhad. En les regardant passer, j'essaie de m'imaginer volant vers la liberté. Parfois, je distingue le logo de la compagnie : Iran Air, Caspian Airlines, Qatar Airways, Mahan Air. Le dernier que j'ai vu aujourd'hui appartenait aux gardiens de la révolution.

5 novembre. Ce matin, on m'emmène au centre médical, dans une très grande salle où cinq ou six personnes sont assises derrière des bureaux. Le Dr Honey est là, un grand sourire aux lèvres. Il a devant lui un carton avec un autocollant bleu, blanc, rouge marqué « CENTRE DE CRISE » (celui du ministère français des Affaires étrangères). Mes traitements sont enfin arrivés ! Mon médecin à Paris, la

Dr Paule Campa, a envoyé une ordonnance. Une copie en farsi, traduite par l'ambassade de France, est là aussi. Avec le Dr Honey, je vérifie le contenu du carton en le comparant avec la liste et j'appose mon empreinte, comme le veut le protocole. Apparemment, il ne manque rien.

Le Dr Honey met de côté certains médicaments, m'expliquant que je devrai venir les chercher tous les matins au centre médical. Je rapporte les autres à la cellule. Là, je découvre que toutes les boîtes ont été minutieusement ouvertes et inspectées avant d'arriver jusqu'à moi.

J'ai pris une habitude : chaque fois que j'appose mon doigt encré sur l'un ou l'autre des divers formulaires, je le passe ensuite sur l'arête de mon nez. Ce look a d'abord stupéfié mes codétenus, mais c'est devenu un de mes signes distinctifs. Je veux leur montrer que je n'ai pas peur de me faire rembarrer par les prisonniers travailleurs ou les gardiens. On me connaît maintenant dans le bloc pour mes farces et mon sens de la blague. Je suis innocent et je veux qu'on perçoive mon caractère, plutôt que me voir comme un prisonnier parmi d'autres.

Karim, Morthasa et le Chien vont souvent à la salle de gym. Benjamin et moi n'y avons pas droit parce que les autorités craignent que leur précieuse marchandise puisse s'y blesser, et c'est vraiment pénible pour nous. En tant que monnaie d'échange pour l'État iranien, nous devons rester « en bon état ». J'ai aussi des ennuis avec la bibliothèque de la prison. Taj assure qu'elle contient quelques dictionnaires farsi-anglais. J'ai rempli un formulaire pour demander à en emprunter un, car nous n'avons que des dicos français-farsi et anglais-farsi, or j'aimerais pouvoir comprendre un peu la langue. On ne me les donne jamais. Je soupçonne que nous empêcher d'interagir davantage avec les Iraniens fait partie des tortures mentales infligées par nos geôliers. Taj m'a dit qu'on lui avait refusé des livres de psychologie. Il a cependant pu en échanger avec d'autres détenus, avec la complicité des prisonniers travailleurs.

9 novembre. Ce soir, les trois lignes des téléphones en libre-service sont coupées. Cela arrive de temps en temps, quand quelqu'un doit être exécuté après l'appel à la prière du lendemain matin : les autorités ne veulent pas que la famille du condamné soit prévenue à l'avance de l'exécution. Pendant notre pause cuisine du soir, je vais voir les deux cellules des condamnés. Trois paires de claquettes sont alignées devant les portes. Les guichets du bas sont ouverts et j'entends un homme pleurer à l'intérieur. C'est déchirant. Le fait qu'ils n'aient même pas une dernière chance de voir leurs proches me fend le cœur.

13 novembre. C'est mon anniversaire : soixante-quatre ans. Je pleure un peu dans mon lit ce matin. C'est la première date importante depuis mon incarcération. Je pense à Roland et aux miens qui, comme moi, doivent s'être réveillés le cœur lourd. Nous ne pouvons même pas nous parler en direct, c'est horrible. Mais je serai peut-être sorti pour Noël. Peut-être un membre du régime va-t-il se rendre compte que je ne suis qu'une source d'ennuis, surtout en raison de ma mauvaise santé, et, dans un geste de bonne volonté, me relâcheront-ils à temps pour Noël ou pour le nouvel an.

15 novembre. Aujourd'hui, on nous empêche de quitter la cour après la promenade. La porte qui mène au bloc est fermée. Cela arrive quand ils amènent des condamnés à mort dans les cellules au bout du couloir. Ils ne veulent pas que les autres détenus les voient.

Pendant un coup de téléphone à l'ambassade de France, le consul nous informe, Benjamin et moi, que si tout se passe bien nous devrions recevoir une visite consulaire dans trois jours. Christian Furceri, le consul, sera accompagné du nouvel ambassadeur de France en Iran, Nicolas Roche, arrivé à Téhéran le 4 novembre. Tout se fait à la dernière minute, avec les autorités iraniennes. Elles peuvent tout aussi bien annuler au dernier moment ou refuser aux diplomates de nous voir. Benjamin a soumis des lettres aux responsables de la sécurité de la prison afin qu'elles soient validées à temps pour la visite, mais il n'y a pas de garantie.

Les visites consulaires ont lieu généralement le matin. L'ambassadeur et le consul viendront en avion, et le chauffeur fera de son côté les mille kilomètres de Téhéran à Machhad en voiture avec des livres et d'autres articles envoyés de France. Il rapportera aussi nos livres déjà lus pour les faire passer à d'autres détenus, ainsi que les ouvrages de maroquinerie terminés par Benjamin. Nous sommes tous les deux impatients de recevoir des nouvelles qui ne peuvent pas être données par téléphone et des cadeaux de nos proches, ainsi que des biens de première nécessité depuis Téhéran, comme du bon dentifrice et de la crème hydratante (tout le monde dans la cellule a des problèmes de peau à cause de l'air très sec).

Ce soir, à la distribution des médicaments, je prends le flacon de Laroxyl qui m'aide à dormir et je laisse tomber les gouttes dans un verre d'eau. Cinq gouttes sont tombées quand l'infirmier et le prisonnier travailleur essaient de me reprendre le flacon. Je demande à Taj de leur expliquer que sur l'ordonnance, traduite en farsi, il est écrit que je peux prendre entre cinq et vingt gouttes. L'infirmier n'a pas l'air très rassuré.

16 novembre. Je reçois enfin ma carte de paiement, qui me permettra d'être moins dépendant financièrement de Benjamin. Je vais même pouvoir commencer à acheter des choses pour nous deux. Roland doit d'abord transférer de l'argent sur un compte national français dédié, après quoi l'ambassade le transfère sur mon compte de prison. La somme portée sur ma carte ne peut jamais dépasser un million de rials (environ vingt euros), faute de quoi la transaction sera refusée, et nous ne pouvons jamais avoir plus de six millions de rials sur notre compte. Mais posséder cette carte va quand même tout changer pour moi. Cela signifie aussi que je me sens accéder au statut de vrai prisonnier, avec tous ses attributs.

Ces jours-ci, tous les matins vers 9 heures, Hussein m'emmène au centre médical. On me fait entrer dans une salle devant laquelle de nombreux détenus font la queue. Tout le monde me regarde dans mon gilet jaune d'or. Je dis « *salaam* » et je souris. Nous, les prisonniers du bloc 6-1, avons la priorité et passons devant tout le monde. Il y a des infirmiers et du matériel pour traiter les petits bobos quotidiens des détenus : des points de suture après une bagarre, des médicaments contre divers troubles, et aussi des piqûres, une spécialité iranienne. Là où, en France ou en Irlande, on prendrait une substance comme de la vitamine D par voie orale, en Iran elle se prend par injection.

Hussein s'approche d'un cabinet vitré et en sort un sachet qui contient mon antidépresseur, le Citalopram. J'avale les cachets devant lui. Il note la dose et l'heure dans un registre. Le personnel du centre médical est généralement souriant et me serre la main.

Aujourd'hui, je dois attendre parce que Hussein a une autre course à faire. J'ai remarqué qu'il y avait des détenus très âgés. Je vois un vieux monsieur qui a la maladie de Parkinson. Je me demande ce qu'il a fait pour se retrouver derrière les barreaux.

Hussein revient avec un sac de médicaments pour les détenus de notre bloc. Il y a là-dedans la version locale du paracétamol, un petit comprimé rose que j'ai pris de temps en temps pour mon mal de dos et mes douleurs dans les genoux.

Ce matin, Benjamin a parlé à son avocate, Mme Halami : elle a reçu la permission de venir nous voir dans quelques jours. Il lui parle fréquemment au téléphone. Ses lettres à sa famille, qui sont très longues, sont toutes envoyées à cette femme pour qu'elle les scanne et les transmette par mail à la sœur de Benjamin, Blandine, qui à son tour les fait circuler en France. Blandine est en contact très régulier avec l'avocate et avec le Quai d'Orsay.

Toutes les formes de contact entre Machhad et le monde extérieur sont aléatoires et peu fiables ; il faut toujours passer par plusieurs couches de médiation et de censure. Y compris pour les lettres. Il n'y a pas de procédure établie pour en envoyer chez soi. Benjamin m'a expliqué à mon arrivée que nous devions les soumettre aux responsables de la sécurité, avec l'argent et les instructions pour les adresser soit à Mme Halami à Téhéran pour Benjamin, soit, dans mon cas, à Justin Ryan, le chargé d'affaires irlandais. Les diplomates les scannent alors et les envoient par mail à nos familles. J'ai employé cette méthode au début de mon confinement, mais mes lettres mettaient plus de quatre semaines à franchir la sécurité. J'ai fini par renoncer et désormais je dicte mes messages au téléphone. Je les prépare dans ma cellule et ensuite je les lis à Justin, ou à Ahmeneh, l'assistante du consul de France à l'ambassade à Téhéran, dès que j'en ai l'occasion. J'écris beaucoup de courtes réponses aux dizaines de messages que je reçois de partout. Puis je rédige des textes plus longs pour Roland, Caroline et mon père.

Je m'étonne de ne pas avoir de nouvelles de certains amis ou parents. Ont-ils peur, sont-ils gênés ? Ne sont-ils pas au courant de mon emprisonnement, à moins qu'ils s'en fichent ? Et dans le même temps, je reçois des petits mots de gens dont je n'avais pas de nouvelles depuis plus de trente ans, ou de personnes auxquelles je ne me serais pas attendu, comme mon électricien, Philippe.

Les émotions qui me traversent quand je dicte mes réponses sont très variées selon la personne qui est au bout du fil. Ahmeneh est d'une patience incroyable, et son ton de voix est tellement réconfortant que je fonds parfois en larmes pendant la dictée.

18 novembre. Aujourd'hui, c'est le jour de la visite des diplomates. Benjamin et moi sommes extraits de la cellule. Nous rendons deux sacs de livres et les travaux de maroquinerie de Benjamin. Les livres sont destinés à quatre autres prisonniers français : Luis, Cécile et Jacques dans la prison d'Evin à Téhéran (comme la nôtre à Machhad, Evin compte un bloc réservé aux femmes) et Olivier à Shiraz, une grande ville à environ neuf cent vingt kilomètres au sud de Téhéran. Les ouvrages sont inspectés avant que nous sortions de notre bloc. Nous sommes ensuite emmenés au vestiaire, où les sacs sont une fois de plus inspectés. De là, on nous conduit dans une partie de la prison où je n'avais jamais mis les pieds, près de l'entrée. Nous passons devant des vitrines où sont exposées les réalisations des prisonniers : travail du bois, du cuir, du métal, couture. Nous montons un escalier et entrons dans une pièce chaleureuse avec une grande table de réunion. Un homme de haute taille, bien habillé, en complet gris et cravate élégante (le régime iranien n'approuve pas la cravate, considérée comme un symbole de décadence occidentale), s'approche de nous avec un grand sourire. C'est Nicolas Roche, le nouvel ambassadeur de France. Il nous serre tous les deux dans ses bras. J'ai du mal à retenir mes larmes. C'est aussi une première pour Benjamin : l'ambassadeur précédent n'est jamais venu le voir. Nous sommes ensuite présentés au consul, Christian Furceri, dont la tenue plus décontractée contraste avec celle de Roche. Sur une table à côté des diplomates, il y a des sacs de cadeaux pour nous : principalement des livres, mais aussi des vêtements, des brosses à dents et de la crème hydratante. Benjamin a aussi des lettres.

Nous nous installons à la table, avec un gardien assis dans un coin, son portable en main. J'imagine qu'il filme tout et surveille le moindre geste. Comme il y a sûrement des micros aussi dans la pièce, nous parlons à voix basse, ou parfois Roche nous écrit un mot qu'il nous passe à travers la table. Il s'adresse à nous l'un après l'autre. Dans mon cas, il évoque ses rencontres avec Justin et avec d'autres diplomates irlandais. J'apprends que le gouvernement irlandais a envoyé une équipe de haut niveau à Téhéran aussitôt connue la nouvelle de mon arrestation. La délégation comprenait la secrétaire générale adjointe du ministère des Affaires étrangères, Sonja Hyland.

Un gardien entre avec un thermos d'eau chaude pour le thé, des tasses en porcelaine et des biscuits enveloppés dans du papier aluminium.

« Écoutez, pour le moment nous devons garder un profil bas et ne pas contrarier les Iraniens, nous déclare Roche.

— Pourquoi ? »

Il explique qu'ils pourraient couper la communication avec nos familles et/ou refuser les visites consulaires ou d'avocats.

« Mais enfin, si cela se sait qu'ils ont coupé les communications pour un otage malade et innocent, leur image à l'Ouest en sera encore plus ternie, non ? Tout ce que j'ai pour moi, c'est mon âge et ma mauvaise santé – et mon homosexualité. »

Nous restons en désaccord sur ce point. Roche nous dit qu'il a demandé à rencontrer le directeur de la prison et le chef de la sécurité. Ce dernier a accepté de le voir. Le premier n'est pas disponible.

Un agent de sécurité, vêtu d'un costard sombre trop grand pour lui, vient annoncer que notre temps est écoulé. Nous lui remettons les sacs apportés de Téhéran pour que la sécurité puisse les inspecter. Il faudra quatre semaines pour que tout soit approuvé. Encore des accolades, et nous repartons en cellule.

Les relations avec la justice iranienne depuis l'intérieur de la prison de Machhad sont percluses de complications et d'incohérences. Il se confirme peu à peu que, comme je le soupçonnais, ce système juridique est une vaste blague. Les autorités ne respectent même pas leurs propres règles dans les affaires politiques ou de sécurité.

Benjamin est défendu par Mme Halami, une avocate de Téhéran qui a déjà travaillé sur un certain nombre de cas similaires aux nôtres. Il me suggère de lui demander son aide, car elle connaît les fonctionnaires de l'ambassade de France et, surtout, elle a le numéro de portable des gros bonnets de la prison. J'ajoute le numéro de l'avocate à ma carte téléphonique (mais quand Benjamin lui parle, il me la passe aussi pour me faire économiser un coup de fil). Elle accepte de me défendre en principe, mais m'explique que ledit principe doit être approuvé par les autorités.

La venue des diplomates date de quelques jours, et aujourd'hui nous avons rendez-vous avec Mme Halami, qui a accepté de me représenter. Au lieu de la pièce agréable et chaleureuse que nous occupions lors de la visite consulaire, cette réunion-ci se tient dans une salle glaciale, toujours près de l'entrée. Un gardien s'assoit à table avec nous trois. Mme Halami est une femme petite et menue, d'une cinquantaine d'années. Elle est bien couverte, contrairement à Benjamin et moi qui gelons dans nos chaussettes et nos claquettes en plastique. Nous avons apporté le dictionnaire français-farsi de Benjamin au cas où.

Mme Halami explique à Benjamin le parcours de son dossier dans le système juridique iranien, avec ses myriades de juristes, des cours basses aux cours intermédiaires et jusqu'à la Cour suprême. En ce qui me concerne, elle attend de savoir si on l'autorisera à me défendre. Elle était au tribunal de Machhad plus tôt ce matin, mais n'a rien pu voir de mon dossier. (Je découvrirai plus tard que les tribunaux n'envoient presque jamais aucun document aux avocats des accusés.) Malgré cela, elle a dû faire deux mille kilomètres aller-retour pour se rendre à l'audience. Elle n'a pas eu le droit de photocopier ou photographier les documents, mais a dû tout recopier à la main.

À un moment, nous sommes amenés à chercher un mot dans le dictionnaire, que nous montrons à Mme Halami. Le garde demande à voir le mot, mais ne fait aucun commentaire quand nous le lui montrons. Notre temps finit par être écoulé et nous sommes ramenés en cellule.

Ce rendez-vous m'a démoralisé, mais je reçois alors un message de Roland, qui me dit que mon gros travail de taille des oliviers dans notre propriété de Banyuls-sur-Mer semble avoir payé. J'ai travaillé dur début 2022, après un stage de deux semaines dans un lycée agricole de Nîmes, sur ces arbres qui étaient à l'abandon depuis environ cinq ans. Roland m'apprend que tous ceux que j'ai taillés portent beaucoup de fruits et n'ont pas été attaqués par la mouche de l'olive (j'ai suspendu plus de soixante-dix pièges contre ces nuisibles). Malheureusement, je ne serai pas là pour la première récolte hivernale.

14

L'hiver à Machhad

21 novembre. J'ai demandé à voir le Dr Honey parce que je ne dors plus. Je lui ai expliqué la situation et j'ai réclamé quelque chose de vraiment fort pour m'assommer la nuit, à cause du bruit perpétuel et de la lumière dans la cellule. Ce soir, on m'a donné trois comprimés rouges, un blanc, et une poudre blanche que j'ai avalée avec un verre d'eau. J'ai eu du mal à rester éveillé pour le dernier appel à 22 heures. Une fois au lit, je me suis endormi en quelques minutes. Le lendemain matin, je n'ai eu aucun problème à me lever, ce qui me rassure car le sommeil est ma seule évasion de ce cauchemar vivant. Apparemment, les cachets vont bien fonctionner.

Il commence à faire froid dans la cellule : les fenêtres laissent passer les courants d'air et la ventilation des sanitaires aspire le peu d'air pas trop glacial. Il y a trois petits radiateurs qui parviennent au mieux à tiédir le matin et le soir, comme l'eau de la douche. En plus, deux sont cachés derrière les lits superposés, ce qui n'est pas idéal pour chauffer la cellule. Je copie donc la solution de mes codétenus pour faire face au problème : des bouteilles de Coca ! Nous remplissons les grosses bouteilles en plastique d'eau chaude – mais pas trop chaude, sinon la bouteille fond. Je verse toujours un peu d'eau froide d'abord, au cas où. J'ai trois grandes bouteilles de Coca et deux petites de Sprite dans mon lit en ce moment. Nous passons tout notre temps au lit.

Benjamin et moi adressons des réclamations écrites aux autorités de la prison, en avertissant qu'avec notre santé fragile nous pourrions tomber gravement malades, et que ce serait par leur faute.

23 novembre. Quand je joins Justin Ryan au téléphone aujourd'hui, il me lit une lettre du ministre irlandais des Affaires étrangères, Micheál Martin, qui est aussi le Tánaiste (le vice-Premier ministre en Irlande). M. Martin m'explique dans sa lettre que ses services travaillent d'arrache-pied à me sortir de prison et que tout le monde au gouvernement fait pression pour que mon affaire soit réglée.

Quand je raconte ça à Benjamin, il me dit qu'il n'a *jamais* reçu une lettre du gouvernement français. Il est un peu jaloux de voir combien les autorités irlandaises se soucient de moi.

Le soir de ce même jour, Mme Halami m'informe au téléphone que le tribunal ne la reconnaît pas comme étant mon avocate. Ça ne me contrarie pas trop parce que je sais déjà que ce n'est pas la procédure officielle de la justice iranienne qui me sortira de prison. Plus tard, pendant la promenade, nous sommes convoqués au bureau des gardiens. Là, un homme de grande taille en costume beige bien coupé attend avec un certain nombre de gardes. Benjamin connaît bien M. Houey parce que celui-ci était simple gardien à son arrivée il y a deux ans et demi. Depuis, il a monté les échelons du service de sécurité. Il parle français et, d'après Benjamin, un peu japonais. (Benjamin a travaillé au Japon.)

« Bernard, pourquoi mettez-vous tant de détails sur la vie en prison dans vos lettres ? me demande M. Houey.

— Je veux que les gens comprennent à quoi ressemble la vie ici. Je n'évoque jamais les autres détenus ni ma santé. »

Je lui dis que je n'ai pas pu parler une seule fois à mon père depuis mon arrestation, que demain, le 24 novembre, il fêtera ses quatre-vingt-dix-sept ans, et que d'habitude je suis toujours à Dublin pour cette occasion spéciale.

À ces mots, M. Houey se lève pour aller marcher dans la cour avec Benjamin et moi, à la grande stupéfaction de nos codétenus qui, comme nous, font leur pause matinale. M. Houey me dit à voix basse : « Il n'y a pas de dossier contre vous. Vous n'avez rien à faire en prison. »

Je suis sidéré qu'il soit si direct, mais je profite de l'occasion pour lui rappeler que ma santé décline et que je ne sais pas si je tiendrai encore longtemps. Ma tension crève le plafond et ma vue se dégrade.

« Je vais essayer de me renseigner sur votre dossier, me propose-t-il.

— J'aimerais vraiment appeler mon père. Juste pour lui souhaiter un bon anniversaire.

— Je ferai de mon mieux. »

24 novembre. Ce matin, nous demandons aux services de sécurité s'il est possible de téléphoner. Comme d'habitude, ils répondent qu'ils reviendront vers nous. Pendant la promenade matinale, M. Houey se présente dans la cour. Il m'apprend que la facture de cette ligne téléphonique n'a pas été payée par les autorités carcérales. Cela me met un coup. Est-ce à dire que contacter les familles va devenir encore plus compliqué ? Je lui demande pourquoi mes proches ne sont pas autorisés à m'appeler, contrairement à ceux de Benjamin. M. Houey me répond qu'il ne peut rien y faire, puis s'en va de la cour, et revient au bout de quelques minutes avec un grand sourire : « J'ai réglé le problème ! » m'annonce-t-il. Il me demande de le suivre tout de suite. Quand nous traversons le bureau de la sécurité, ses collègues nous suivent des yeux, et je vois qu'ils ont du respect pour M. Houey. Arrivé dans la zone des téléphones, il me confirme que je peux appeler mon père.

Au bout de deux ou trois sonneries, j'entends qu'on décroche, puis la voix que je connais bien résonne.

« Allô ? »

Les larmes me roulent sur les joues. Mon père pleure aussi.

« Tu tiens le coup ? me demande-t-il. Tu prends tes médicaments ?

— Oui oui », dis-je vaguement.

Je ne veux pas l'inquiéter avec la vérité. Je pense à lui assis dans son salon à Dublin, le téléphone à l'oreille, alors que je suis ici, incarcéré, à des milliers de kilomètres.

« Comment est la vie dans la prison ? me demande-t-il. La nourriture est horrible ?

— Ce n'est pas trop mal », réponds-je pour le rassurer.

M. Houey est assis en face de moi et comprend tout ce que je dis. Je parle des choses de tous les jours et j'indique que j'espère être rentré pour Noël. Le coup de fil m'a regonflé le moral. Mon père semble alerte et en forme. Je suis très soulagé.

26 novembre. La Coupe du monde de football a commencé au Qatar la semaine dernière. Les Iraniens sont des fanatiques de foot, au point qu'on nous autorise à laisser la télé allumée plus tard le soir. Moi-même, je ne suis pas fan de foot et je n'ai jamais regardé un match entier à la télévision, mais je découvre que la censure en Iran est utilisée de manière absolument surprenante. Pour la cérémonie d'ouverture, la télé iranienne coupe les vues aériennes du stade au moment où défilent les équipes israélienne et américaine. Idem pour toute image problématique du public. Benjamin m'explique qu'il y a un décalage de deux minutes dans la retransmission au cas où il y aurait un souci, par exemple si la caméra zoomait sur une femme peu vêtue. Cela donne des coupures bizarres.

Avant chaque match, les politiciens et les commentateurs disent toujours, comme la plupart des gens en Iran, « Inch'Allah », c'est-à-dire « Si Dieu le veut », au regard d'une victoire possible de l'Iran, qualifiée pour la Coupe. Puis quand l'équipe perd, ils clament que c'est une erreur. Benjamin et moi aimons taquiner les Iraniens là-dessus[1].

1. Nous l'ignorions alors, mais nous avons appris après notre libération que l'équipe iranienne avait refusé de chanter l'hymne national avant son match d'ouverture. Un footballeur très populaire, Amir Narr-Azadani, vingt-six ans, qui n'était pas sélectionné pour la Coupe du monde, s'était exprimé sur les manifestations des femmes, et avait été arrêté en décembre 2022 à Ispahan. Il a été condamné en janvier 2024 à vingt-six ans d'incarcération. De nombreux membres de l'équipe iranienne jouent en club en Europe. L'un d'eux, qui joue dans une équipe allemande, est reparti directement là-bas depuis le Qatar pour ne pas avoir à rencontrer le président iranien, Ebrahim Raïssi, à Téhéran.

Quand les Français jouent un match, il est parfois très tard. En temps normal, la télé serait éteinte, mais quelques gardiens nous permettent de la garder allumée. Le lendemain, nous les remercions : cela nous change les idées, au moins pendant ce mois. Gilet-Jaune cherche à nous provoquer, Benjamin et moi, en disant qu'il n'y a pas de « vrais » Français dans l'équipe. Nous lui faisons remarquer que pratiquement tous les joueurs sont nés en France et que c'est le cas aussi dans la plupart des pays où des minorités raciales sont présentes à tous les échelons. J'aurais voulu lui balancer, mais je me suis abstenu, que le Premier ministre iranien, Leo Varadkar, est homosexuel, vit avec un homme, et est à moitié indien. En Iran, il est presque impossible d'être gay. D'ailleurs, plutôt qu'affronter cette réalité, l'État subventionne des opérations de transition de genre pour des hommes qui, en réalité, sont homosexuels.

28 novembre. Aujourd'hui, il y a un documentaire sur Hitler à la télé. L'Iran, peut-être influencé par la position antijuive du régime, a eu une relation très ambiguë avec le fascisme allemand. Gilet-Jaune, assis par terre au milieu de la cellule, regarde l'émission pendant que je bouquine, adossé à mon lit. Soudain, il se retourne vers moi et me dit qu'il admire Hitler. J'en reste sans voix.

15

Le mois d'avant Noël

4 décembre. Il fait de plus en plus froid : un froid sec, pénétrant, inévitable, qui me glace jusqu'aux os. La télévision a fait état d'importantes chutes de neige dans d'autres régions d'Iran. Aujourd'hui, nous voyons nos premiers flocons. J'aime comme ils flottent vers le sol et décorent d'une légère dentelle blanche les spirales de fil de fer barbelé en haut des murs.

Des prisonniers travailleurs sont venus ce matin sceller les fenêtres avec du plâtre, pour couper la route aux terribles courants d'air. Ils les ont presque entièrement supprimés, mais les vitres sont si fines que le froid reste mordant dans la cellule. Le journal télévisé montre des scènes de chaos dans tout le pays : les températures sont si glaciales que le diesel qui alimente les trains a gelé. En raison de problèmes dans le réseau du gaz, notre temps en cuisine a été réduit. Et le thermomètre continue de chuter.

7 décembre. C'est la journée la plus froide depuis des années à Machhad. Nous sommes presque tous restés au lit tout habillés, ne nous levant que pour les repas ou pour remettre de l'eau chaude dans nos bouteilles de Coca vides. Je voudrais bien avoir le bonnet et les gants de laine qui ont été confisqués. Je commence à me sentir vraiment déprimé, malheureux, et à croire que rien ne sera jamais fait pour ma libération. L'idée de croupir ici pendant des années, comme Benjamin, est insupportable. Au lit, j'ai pris l'habitude de me tourner vers le mur pour pleurer.

Encore une triste nouvelle : le père de Taj est mort, et il n'a pas le droit de se rendre à l'enterrement dans sa ville natale. Taj ne dit rien sur le coup, mais il est très silencieux et il a les yeux rouges. Tout à l'heure, il m'a fait signe d'approcher en disant qu'il voulait me montrer quelque chose. Il a sorti d'un livre une photo d'un vieux monsieur souriant à l'objectif. C'est son père. Je me demande si le mien sera encore en vie à ma sortie je ne sais quand. Et cela m'attriste terriblement.

Ce soir, je décide de déposer une réclamation concernant la façon dont la prison nous ment. Je fais remarquer que le mensonge, dans l'islam comme dans les religions chrétiennes, est censé être un péché. Alors, quand nous demandons un appel téléphonique à nos familles, ou un livre de la bibliothèque, pourquoi nous dit-on oui sans qu'il se passe rien derrière ? Je souligne que cela ne peut que nuire au croyant dans l'au-delà. Je sais très bien que nul ne me répondra, mais ça me soulage de quelque chose qui m'exaspère vraiment. Pourquoi ne peuvent-ils pas simplement dire non ?

Cela fait proprement partie des pratiques conçues pour créer une mauvaise ambiance dans la prison. Par exemple, ne jamais nous laisser sortir de la cellule à l'heure. Ils ont parfois vingt minutes de retard. Par contre, les seules fois où ils sont en retard pour nous réenfermer, c'est quand un pauvre diable est envoyé dans la cellule d'attente avant son exécution le lendemain matin, parce qu'ils ne veulent pas qu'on le voie.

8 décembre. Aujourd'hui, pour faire plaisir aux autres, je décide de cuisiner un plat européen. J'ai déjà préparé des poivrons farcis en utilisant le riz cuit de la prison. Cette fois, Ahmeneh, de l'ambassade de France, m'a donné par téléphone une recette de crumble à l'orange, et je décide de l'essayer. Dans notre cellule, nous avons une immense marmite, de cinquante centimètres de diamètre sur vingt de profondeur. Elle me servira de four. Environ six kilos de sel sont versés dans le fond. Puis je dépose mon crumble dans un plat sur le lit de sel et je lute le couvercle au papier journal mouillé. La marmite va sur le brûleur à gaz de la cuisine, avec une casserole remplie d'eau dessus pour renforcer l'étanchéité.

Comme il a son atelier de maroquinerie juste à côté de la cuisine, Benjamin peut éteindre le gaz une fois que c'est cuit. Tout se passe bien. Le beurre rance n'a pas trop mauvais goût, et mes codétenus me gratifient de leur sourire une fois le ventre plein.

Taj m'a montré comment faire du thé de safran. Il broie les filaments avec un peu de sucre, puis ajoute de l'eau bouillante. Il n'en faut pas beaucoup pour emplir un thermos de cette délicieuse boisson rougeâtre. Ça change de la monotonie du thé noir de la prison.

10 décembre. On me conduit ce matin chez le Dr Honey. Ma tension l'inquiète beaucoup et il me dit que dorénavant je reviendrai tous les jours. Pendant que je suis dans son cabinet, un détenu arrive à la porte, hurlant de douleur, ensanglanté par une grande coupure à la tête. Il est prestement emmené ailleurs, laissant une traînée de sang derrière lui. L'arme qui lui a infligé cette blessure avait presque certainement été façonnée dans la prison même par un autre détenu : en cassant un rasoir jetable et en tenant la lame entre deux cartes de téléphone, on peut se faire une arme mortelle.

15 décembre. Aller me faire prendre la tension tous les soirs au centre médical m'a mis en contact avec un nouveau groupe de détenus. Il y a un sexagénaire diabétique, auquel il manque un bras et qui parle un anglais excellent, avec l'accent américain. Il était avocat mais a été incarcéré pour le meurtre d'une femme, je crois à Machhad. Je lui prête un livre de la série *Le Murder Club enquête* de Richard Osman. Il ne fait pas de commentaire sur mes goûts, mais ne me demande plus jamais de livres.

Ma tension est trop élevée, et cela préoccupe l'infirmier. À l'insu de tous, je ne prends pas mes cachets, que je suis autorisé à garder en cellule. J'en jette un dans les toilettes tous les matins. Je veux convaincre les autorités que je suis malade et que me garder en prison n'est pas une bonne idée. Ma mauvaise santé est mon plan numéro un pour me sortir de ce pétrin.

16 décembre. Le journal régional que Taj se fait livrer tous les jours a cessé d'arriver sans explications. Il était déjà censuré : il y avait régulièrement des pages manquantes. C'est courant avec les prisonniers politiques, car cette presse locale contient beaucoup de nouvelles, ainsi que les programmes télé, une grille de mots croisés et un Sudoku. Benjamin et moi ne voyons jamais aucun journal.

Cet après-midi, nous sommes dans le couloir en bas lorsque nous tombons sur Morthasa, notre jeune codétenu de Torbat. Il est bien habillé et porte un sac. Il a été libéré ! C'est une grande émotion pour Karim, Taj et Benjamin, car Morthasa était là depuis un moment. Pour ma part, je ne le connaissais pas bien. Les Iraniens lui serrent la main et lui disent au revoir. Pas d'embrassades.

18 décembre. Aujourd'hui, c'est la fin de la Coupe du monde de football. Benjamin aurait dû gérer deux des terrains hôtes au Qatar au lieu de croupir ici avec moi. Il s'inquiète beaucoup pour son avenir une fois qu'il sera sorti de prison. Il va avoir un grand trou dans son CV.

20 décembre. Aujourd'hui, j'arrive à parler à Roland, qui est avec des amis chez nous à Banyuls. Ces amis l'aident à retaper la maison. Nous connaissons très bien la région parce que nous avons habité pendant douze ans dans un village du coin, Cerbère, avant d'acheter à Banyuls il y a trois ans. D'autres amis l'aident à abattre les arbres morts et à dégager les broussailles.

Plus tard, Benjamin et moi sommes convoqués à la sécurité. M. Houey est là, bien vêtu comme d'habitude. Il fait tellement chaud dans les bureaux qu'il est en chemisette à manches courtes. Il a en main un exemplaire grand format de *Don Quichotte* (que Cervantès a écrit en prison, comme je l'apprendrai plus tard), que j'avais demandé à Justin Ryan de m'envoyer. Houey m'explique que le livre est trop gros pour qu'il puisse me le donner. Je réponds que je n'ai aucune intention de taper sur quelqu'un avec. Ce n'est pas le problème, me dit-il : un ouvrage aussi épais peut être creusé pour faire circuler des objets entre prisonniers, comme dans les films. Tout le monde éclate de rire, et Houey finit par me céder le livre. En revanche, il garde les bonnets que Justin a aussi envoyés. Je lui fais remarquer que certains prisonniers s'en sont fabriqué et que ça ne semble pas poser de problème, mais il reste inflexible.

Nous repartons en cellule les bras chargés d'affaires neuves. Comme j'ai maintenant quantité de chaussettes, j'en donne à Benjamin, à Karim, à Reswan et à Taj.

21 décembre. Cet après-midi, nous voyons arriver un nouveau codétenu, un Koweïtien de vingt ans et quelques. Il est là parce qu'une Iranienne l'accuse de l'avoir touchée au bazar. Il a expliqué qu'il visitait Machhad avec sa copine et qu'il n'avait jamais touché la femme. Comme je l'ai appris, c'est une arnaque pratiquée par certaines femmes de Machhad avec les étrangers. Pour sortir de prison, il doit lui payer une amende, fixée par elle et sa famille.

Gilet-Jaune se montre très amical avec lui. Il fait des cadeaux à tous les nouveaux arrivants : à moi, il avait donné une paire de chaussettes. Il lui prépare un repas ce soir. Je pense qu'il espère le convaincre de lui envoyer de l'argent quand il aura été libéré.

23 décembre. Il y a un changement de chef de bloc aujourd'hui. Il s'avère que le précédent trafiquait les comptes de la boutique. Le nouveau, qui a les bras couverts de tatouages, entre dans la cellule avec ses acolytes. Il n'est pas agréable, et ne nous salue même pas, Benjamin et moi. Il y a beaucoup de tensions entre les prisonniers travailleurs.

Nous allons chez le barbier nous faire couper les cheveux. Le coiffeur s'appelle Marchmout. Il est aussi excellent cuisinier. Un prisonnier travailleur est perpétuellement présent à ses côtés. Je ne sais pas exactement pourquoi, peut-être pour veiller à ce qu'aucune paire de ciseaux ne disparaisse. Reswan est tellement fauché que Benjamin et moi lui payons sa coupe. Je laisse en pourboire une barre de chocolat. Le nouveau chef de bloc va chez le coiffeur au moins deux fois par semaine. Il n'a jamais un cheveu de travers.

25 décembre. Noël passe et aucun coup de fil n'est permis. Benjamin et moi n'en parlons même pas, tellement c'est douloureux. Je suis vraiment au fond de la déprime. Au moins, il n'y a pas d'émissions de Noël à la télévision. C'est très difficile de ne pas songer à nos familles en Irlande et en France. Ce Noël, j'avais prévu de faire venir mon père en France, probablement pour la dernière fois. À quatre-vingt-dix-sept ans, il a de plus en plus de mal à se déplacer.

Ç'aurait été bon qu'il se régale de cuisine et de vins français sous le soleil de Banyuls-sur-Mer.

28 décembre. Tôt ce matin, la porte s'est ouverte pour laisser passer deux prisonniers travailleurs et deux travailleurs « extérieurs ». On nous a dit qu'ils allaient installer une caméra supplémentaire et remplacer l'existante. Ils veulent retirer deux lits superposés, car ceux-ci empêchent de voir tout le monde. Les lits en question sont ceux de Taj et de Karim, qui sont forcés de bouger. Les étagères sous la télévision doivent aussi être retirées. Et donc, avec des outils extrêmement bruyants, ils entreprennent de découper lits et étagères.

Dara, un ami irlandais à Paris, m'a envoyé des bouchons d'oreilles et un masque de sommeil. Je ne mets jamais le masque parce que ça fait remonter trop de mauvais souvenirs du bandeau ; aucun des prisonniers politiques n'en a voulu. Mais je peux maintenant distribuer mes bouchons supplémentaires. Il y a de la poussière partout. C'est une bonne occasion de nettoyer la cellule une fois les travaux terminés. Les prisonniers travailleurs apportent un aspirateur, et tout le monde s'active à laver et ranger. Le pauvre Taj doit à nouveau trouver de la place pour tout ce qu'il a accumulé en sept ans.

31 décembre. Le nouvel an. J'ai versé quelques larmes aujourd'hui, en me demandant quand ce cauchemar allait prendre fin.

16

Grève de la faim

3 janvier 2023. Benjamin a fait une grève de la faim au début de sa peine, et l'idée me trotte dans la tête depuis un moment. Donc, ce matin, je remplis un formulaire pour indiquer que je me mets en grève et que je refuse de prendre mes traitements. À la première promenade, je me rends au bureau des gardiens et je tends le document ainsi que mon sac de médicaments. Ils commencent par refuser le sac, mais je le pose par terre pour faire comprendre que je suis sérieux. Je sens un poids se retirer de mes épaules. Je téléphone à Ahmeneh et à Justin pour leur faire connaître ma décision. Je sais que cela va donner du souci à mes proches, mais je tiens à ce que les Iraniens s'inquiètent encore plus pour ma santé.

De retour dans la cellule, je bois du thé sucré pour la première fois depuis des années. Je dissous aussi de la purée de tomate dans de l'eau chaude pour être sûr d'ingérer assez de sel.

10 janvier. J'ai refusé de me rendre au centre médical ce matin, mais je continue d'y aller tous les soirs pour me faire prendre la tension, en m'attendant à ce que les autorités carcérales s'inquiètent de ma santé. Hier, quand je suis arrivé, un détenu était menotté à une civière, et un infirmier et un garde essayaient de l'immobiliser pour lui faire une piqûre dont il ne voulait pas. Il hurlait. Un autre infirmier est venu prendre ma tension : elle était encore plus élevée que d'habitude. Il s'est mis à me crier en anglais de prendre mes médicaments et s'est emporté contre ma grève de la faim. Il est parti et revenu avec un comprimé qu'il voulait que je laisse fondre sous ma langue. J'ai refusé. Il s'est mis en colère et a expliqué le problème à le prisonnier travailleur. J'ai dit : « Je reprendrai mes traitements quand je serai sorti de ce trou. »

L'infirmier m'a raccompagné à la cellule. Il a parlé à Benjamin, qui était au courant de mon plan et qui a simplement haussé les épaules sans lever le nez de son livre. L'infirmier et le prisonnier travailleur sont repartis, et quelques minutes plus tard, le gardien de service est venu me crier après. Je l'ai ignoré. Il n'est vraiment pas content. Ma stratégie semble fonctionner.

11 janvier. J'ai demandé récemment à Benjamin s'il pouvait m'enseigner les rudiments de la maroquinerie, le marquage et la couture pouvant être faits dans la cellule. Pendant notre pause cuisine d'une heure et demie, je vais le rejoindre dans son atelier, où je peux m'asseoir sur une chaise. Le bonheur. Chaque fois qu'il veut utiliser l'atelier, Benjamin doit aller chercher ses outils au bureau des gardiens. Il y a des cutters, des ciseaux et d'autres instruments pointus pour faire des trous dans le cuir. Même les lames de cutter usées doivent être restituées. Benjamin arrive à acheter du cuir à l'extérieur avec l'aide d'un gardien. Il a une quantité énorme de peaux de vache, de mouton et de chameau, tannées dans des couleurs variées.

Il me fait commencer par un petit sac rectangulaire. En s'aidant d'un patron, il découpe pour moi les différentes pièces, et me montre comment utiliser une règle spéciale et un stylo pour marquer l'emplacement des trous à percer.

L'arrivée d'un nouveau maroquinier a amusé tout le monde. Hussein, qui m'emmène habituellement au centre médical, et Hassan, un autre prisonnier travailleur, travaillent aussi le cuir. L'un des articles les plus demandés est un petit porte-carte pour nos cartes de téléphone et de paiement. Les détenus commandent une bricole pour l'offrir à leurs proches pendant les visites. J'entends dire que les prisonniers travailleurs sont utilisés comme main-d'œuvre à bas prix par des entreprises extérieures, mais j'ignore si c'est vrai. Même les gardiens passent des commandes à Benjamin – par exemple, réparer la reliure d'un de leurs registres. C'est amusant, et nous bavardons pendant que les autres cuisinent ou téléphonent. Avant mon arrivée, le régime de Benjamin, en dehors des repas de la prison, était principalement constitué d'œufs au plat. Grâce à Taj et moi, il s'est mis à manger davantage de légumes frais, comme des tomates et des aubergines. Maintenant que je ne m'alimente plus, il est retourné à ses œufs.

12 janvier. Ma grève de la faim continue. Cela fait neuf jours. Au début, il m'était difficile de voir et de sentir de la nourriture. Mon estomac gargouille beaucoup. Je bois plus de thé et de purée de tomate diluée pour compenser le manque d'alimentation. Je lis davantage, aussi, pour essayer d'oublier ma faim. Passé les premiers jours, c'est devenu plus facile, mais mes forces me quittent et mes déplacements sont de plus en plus lents.

L'un des prisonniers travailleurs, Hassan – en prison pour avoir installé chez lui un labo de fabrication de drogue –, un bel homme, est très ami avec Benjamin et moi. Je suis convaincu qu'il est gay. Il essaie toujours de nous arranger. Par exemple, nous lui demandons d'aller voir s'il n'y a pas des livres et des colis pour nous à la sécurité. Et comme il peut se déplacer dans toute la prison, il est en mesure de porter des messages à d'autres détenus. La sécurité est tellement stricte que c'est compliqué de transmettre quoi que ce soit. Un jour, un prisonnier est entré dans notre bloc pendant que j'attendais de me rendre au centre médical. Un gardien lui a pris son paquet de cigarettes et a inspecté le bout des cigarettes une par une pour voir s'il y avait de la drogue cachée.

Des messages commencent à arriver de ma famille et de mes amis pour m'implorer de mettre fin à ma grève de la faim. Je reçois même un message d'une cliente et amie, Carole Adam, à Paris, qui m'en veut de l'avoir entamée. J'explique, dans les réponses dictées à Ahmeneh, que c'est ma seule arme pour essayer de sortir d'ici. Je leur dis que j'ai pleinement conscience des risques, mais que je ne supporte tout simplement pas l'idée de rester enfermé pendant des années.

13 janvier. Nous recevons une deuxième visite consulaire de Nicolas Roche et Christian Furceri, le consul. Christian aime travailler le bois : Benjamin m'a raconté que le propriétaire de son logement à Téhéran a été tellement étonné en voyant son équipement, et notamment ses scies électriques, qu'il lui a demandé s'il était charpentier.

Il y a un nouvel échange de livres et de cadeaux de nos proches. J'adorerais recevoir des lettres comme Benjamin. Ainsi, je pourrais les relire à volonté, au lieu qu'on me les lise au téléphone. Roche, très préoccupé par ma grève de la faim, me demande d'y mettre fin. Je lui explique que je ne peux pas arrêter tant que je n'aurai pas été libéré, et que si les Iraniens veulent me voir regagner la France sur une civière, ça les regarde. Je fais remarquer à Roche que la grève de la faim est une spécialité irlandaise qui remonte aux années 1920 et à la lutte pour l'indépendance. D'ailleurs, les Iraniens ont rebaptisé la rue où se trouve l'ambassade britannique à Téhéran : de boulevard Winston-Churchill, elle est devenue rue Bobby-Sands, d'après ce gréviste de la faim de l'IRA mort en 1981. En conséquence, les Britanniques ont dû déplacer l'entrée de l'ambassade dans une rue latérale pour ne pas avoir à utiliser la nouvelle adresse.

14 janvier. Aujourd'hui, pas de gaz. Le pays où nous sommes possède pourtant une des plus grandes réserves de gaz naturel au monde. Et donc, pas d'eau chaude pour la douche, et les repas sont à peine tièdes, même si mes codétenus les mangent malgré tout.

J'ai parlé à Furceri ce matin. Il m'a lu un message de Roland avant de me passer Ahmeneh pour que je lui dicte les miens. Elle me demande si Furceri m'a bien lu les messages de Roland. Je lui réponds qu'il m'en a lu un. Ahmeneh m'apprend qu'en réalité il y en avait trois. Elle me lit les deux autres. (À mon retour en Europe, je découvrirai que de nombreux messages ne me sont jamais parvenus. Mon filleul, Léopold, m'a envoyé trois fois des poèmes qu'il avait écrits. Je n'en ai jamais eu un seul. Moi qui me demandais parfois si quelqu'un censurait mes communications !)

18 janvier. Ce matin, Justin Ryan me lit un message de mon père, qui me supplie de renoncer à ma grève de la faim. Après en avoir discuté avec Benjamin, je décide d'informer formellement les autorités carcérales que je vais recommencer à m'alimenter et à prendre mes médicaments, à la demande de mon père.

Ma grève durait depuis deux semaines, mais je pense que j'aurais pu tenir encore un bon moment. Je ne sais pas ce qu'auraient fait les autorités. Elles m'auraient probablement envoyé à l'hôpital et nourri de force, mais cela aurait nui terriblement à leur image. Les Iraniens ne veulent pas être vus faisant du mal à des Européens.

19 janvier. À la télévision, nous voyons une partie des manifestations qui se déroulent dans tout le pays. On nous raconte qu'elles sont le fait de délinquants, avec l'appui de puissances étrangères. Chaque fois que quelqu'un meurt en garde à vue, c'est qu'il s'est suicidé ou qu'il était en mauvaise santé. Il y a beaucoup de sang et d'horreurs au journal télévisé, avec des images des corps de policiers assassinés dans leur voiture vandalisée par les manifestants. On voit même la police faire irruption dans un appartement et procéder à des arrestations violentes. Tout cela donne l'impression que le pays est à feu et à sang.

Un soir, nous voyons et entendons des feux d'artifice. On me dit que cela vient de personnes qui soutiennent les manifestants enfermés avec nous.

En parlant avec un détenu iranien qui arrive d'un centre d'interrogatoire, j'apprends que les cellules là-bas sont remplies de jeunes manifestants. Il me dit que l'un d'eux avait appris d'un proche dans la police que des agents coupaient les caméras de surveillance dans certains quartiers pour éviter aux manifestants d'être identifiés. Ces policiers prennent des risques terribles en faisant cela.

Par ailleurs, les détenus du centre d'interrogatoire ont remarqué qu'ils avaient des rougeurs et des démangeaisons aux pieds. A-t-on mis quelque chose dans l'eau potable ? Cela me rappelle mes propres rougeurs au centre, quand je n'avais que de l'eau du robinet à boire.

17

Le tribunal révolutionnaire

20 janvier. Hier soir, après le dernier appel, un prisonnier travailleur est venu me remettre un uniforme de prisonnier à rayures bleues. C'était un message en soi : cela signifiait que j'irais au tribunal le lendemain matin. La révélation de dernière minute est volontaire et habituelle, pour que les détenus ne préviennent pas par téléphone leur famille ou leurs avocats, même si un délai raisonnable est requis par la loi en Iran. J'étais très tendu quand Benjamin s'est assis par terre avec moi pour m'expliquer ce qui allait se passer lors de mon premier passage au tribunal. Je l'ai patiemment écouté me dire qu'on me demanderait sans doute de signer des documents, qui seraient en farsi. Je lui ai affirmé que je ne signerais rien en l'absence de mon avocate, qui ne serait pas là.

Ce matin, Benjamin me prépare mon petit déjeuner pendant que je m'habille. Je mets un tee-shirt sous le haut de l'uniforme et une paire de chaussettes. On est en janvier et il est à peine 6 heures, le froid est mordant.

Un prisonnier travailleur me fait descendre au bureau des gardiens. Là, j'attends pendant qu'on remplit un bordereau et qu'on téléphone pour que quelqu'un vienne me chercher. Les détenus des autres blocs sont autorisés à se rendre seuls au premier point de contrôle, mais ceux du 6-1 sont toujours escortés, peut-être parce que les autorités redoutent qu'ils communiquent avec d'autres prisonniers. Être remis d'un agent au suivant à chaque étape de ce jeu du labyrinthe fait partie de la routine.

Celui qui s'est présenté pour m'accompagner me guide dans un long couloir en veillant à ce que je rase le mur, comme le veut le règlement. Si je dévie vers le centre du couloir, il me fait signe de m'écarter pour que je sache où est ma place. Nous croisons des employés et des religieux arrivant au travail qui déambulent en plein milieu, ainsi que d'autres détenus, habillés comme moi pour le tribunal, qui rasent le mur opposé.

Au premier point de contrôle, on nous fait mettre à genoux en rang et attendre. Un gardien muni d'un long registre nous appelle ensuite et, un par un, nous entrons dans une salle où nous devons nous mettre en slip. En sortant la tête de mes vêtements, je remarque sur les autres une multitude de tatouages : des animaux, de la calligraphie persane, des visages – d'hommes uniquement, les images de femmes étant interdites.

Puis nous passons, toujours un par un, au vestiaire. De jeunes gardiens gantés prennent l'uniforme que je tiens à la main. L'un d'eux tire sur l'élastique de mon slip et me fait signe de tourner sur moi-même pour vérifier que je ne cache rien. On m'ordonne de retirer mes chaussettes : elles sont interdites. Un autre détenu me montre comment les cacher sous le siège d'une chaise dans la salle qui précède le vestiaire, pour les retrouver au retour. Le gardien s'adresse à moi en anglais : il me demande d'où je viens et pourquoi je suis en prison. Je réponds que je suis irlandais et que j'ignore pourquoi je suis là.

On me rend mon uniforme, que j'enfile, et on me fait franchir une nouvelle porte. Là, un gardien note mon nom dans un registre et m'indique une autre salle avec des chaises le long des murs. Apparemment, une zone d'attente. Par les fenêtres à barreaux, j'aperçois une cour dehors. Je suis toujours gelé : la pièce n'est pas chauffée. Les gardiens boivent du thé dans leur bureau bien chaud juste à côté.

Un jeune détenu insiste pour me laisser sa chaise car il n'y en a pas assez pour tout le monde. Nous sommes une cinquantaine d'hommes de tous âges. Nombre d'entre eux ont le visage balafré et le physique particulièrement patibulaire : le genre d'individus qu'on n'a pas envie de croiser dans une rue sombre. Mais je comprends soudain que je suis des leurs, d'une étrange façon. Ils bavardent à tout va, car pour beaucoup c'est la seule occasion de voir leurs copains, les blocs ne se mélangeant jamais. Il y a un prisonnier aux cheveux très noirs, avec une cicatrice sur la joue, et des yeux perçants et sombres, qui n'arrête pas de me regarder sans sourire. Il serre des documents contre son torse.

Enfin, des minibus banalisés commencent à entrer dans la cour et à se garer les uns derrière les autres. Une porte s'ouvre. Un garde, lui aussi muni d'un registre, lance un nom. Une silhouette s'avance et disparaît dans la cour.

Dehors, dans le froid, de jeunes gardiens nous menottent deux par deux et nous passent des fers aux chevilles. Benjamin m'a parlé de ces fers : ils peuvent faire très mal. Il m'a dit de tirer sur les jambes de mon pantalon et de les glisser à l'intérieur pour protéger mes chevilles. Ça marche, sauf quand je grimpe sur le marchepied pour entrer dans le minibus. La jambe de pantalon remonte et le métal froid blesse ma peau gelée. Pendant que je me dirige vers le fond, d'autres montent derrière moi. Puis deux gardiens, dont un armé d'une mitraillette, et un policier avec un pistolet, nous rejoignent. Comme d'habitude, on me demande d'où je viens, etc. Le garde assis à côté de moi parle un peu anglais et m'adresse un sourire triste pendant que je raconte mon histoire. Il sort un sandwich et, à ma grande surprise, m'en donne la moitié. C'est un peu tiède, et le goût est succulent.

Le bus est arrêté et nous attendons que de nouvelles paperasses soient échangées avant de sortir dans la circulation matinale, la grille se refermant derrière nous. On m'a dit de laisser les rideaux du bus tirés, mais je ne peux pas m'empêcher d'observer les rues par l'interstice. Pour la première fois depuis des mois, je vois se dérouler la vie normale, des hommes et des femmes vaquant à leurs affaires. C'est une expérience bizarre, de traverser un monde dont je suis exclu.

Nous avançons sans escorte ni sirènes. Nos véhicules banalisés pourraient aussi bien transporter des touristes en excursion. Je voudrais que les gens nous voient dans nos uniformes rayés : peut-être comprendraient-ils, alors, le nombre de prisonniers qui évoluent dans leur ville ce matin.

En patientant dans les embouteillages, je bois des yeux les visages des passants, les arbres, les immeubles, les boutiques et, au loin, les montagnes couronnées de neige. Au bout d'environ une demi-heure, nous nous engouffrons dans une rue bordée d'arbres et nous arrêtons devant un édifice d'approximativement cinq étages. Le tribunal. Un gardien empêche les piétons d'emprunter le trottoir le temps que nous traînions nos claquettes et nos fers hors du minibus, que nous traversions la rue et que nous franchissions le haut mur d'enceinte.

Nous passons dans un petit vestibule. Les gardiens doivent y laisser leurs munitions – cartouches de mitraillette et balles de pistolet –, puis nous voilà de nouveau dehors, dans la cour. Nous rejoignons un autre bâtiment à l'arrière et prenons un couloir. Le policier répartit les gardiens pour qu'ils nous escortent vers diverses parties du bâtiment. Je dois aller au troisième étage. On ne nous permet pas de prendre l'ascenseur. On me retire les menottes, mais pas les fers, ce qui transforme la montée de l'escalier en exercice douloureux.

Arrivés au troisième, nous nous retrouvons face à un long et large couloir avec des chaises alignées et beaucoup d'Iraniens qui attendent. On m'indique un siège. Tout le monde me regarde parce que je suis le seul étranger. Je souris pour bien montrer que je suis juste un Européen malchanceux, entraîné par mégarde dans leur lutte pour plus de liberté. Que je ne suis pas un criminel. Une femme se lève et pose une question à mon gardien. Je ne sais pas ce qu'il lui répond, mais elle secoue la tête et retourne s'asseoir. Peu après, on me fait traverser un bureau, où des secrétaires voilées tapent sur des claviers, pour rejoindre une autre pièce. Le juge est là, juché sur une estrade. Il n'y a pas de jury dans ce tribunal, et même pas de défenseur. Un autre homme se présente comme un interprète. Il entreprend de m'expliquer, dans un très mauvais anglais, ce qui va se passer. Je lui dis que je ne comprends rien à ce qu'il raconte. Le juge semble saisir le problème. Je crois qu'il parle un peu anglais, et je suis content qu'il renvoie le type. À l'évidence, il attache de l'importance à ce que je comprenne entièrement ce qui se passe. Quelques minutes plus tard, un interprète remplaçant arrive : son anglais est bien meilleur.

Le juge commence la lecture des chefs d'accusation, qui sont ensuite traduits en anglais. Je suis accusé d'avoir transmis des informations à un État ennemi. Je demande au juge si la France est un État ennemi ; il me répond simplement : « Pas encore. » Je nie les accusations. Un document en farsi est posé devant moi, et on me dit de le signer. Je refuse. Je demande au juge s'il signerait un document en irlandais ou en français. Son refus de respecter même les lois de l'Iran en ce qui concerne les droits des prisonniers me met hors de moi, et il n'est pas question que je coopère. Il insiste pour que je signe, m'affirmant que je ne ferai qu'aggraver ma situation si je refuse. Le gardien qu'on m'a assigné est appelé à la rescousse et lui aussi tente de me persuader. Je refuse toujours. Je croise les bras et regarde par terre. Je veux vraiment les énerver et leur montrer que je ne vais pas leur faciliter la vie. Qu'est-ce que j'ai à perdre ? Je suis déjà dans la panade, coincé en prison comme otage d'État, à des milliers de kilomètres des miens.

Le juge finit par me congédier. Alors que je sors, il me lance : « You will die in prison. » *Tu vas mourir en prison.* Cette phrase me fait un choc terrible. C'est peut-être ma mauvaise santé qui m'achèvera derrière les barreaux, et non la peine en elle-même.

Dans le couloir, le gardien secoue la tête. De là, au lieu de regagner le minibus comme je m'y attendais, je suis emmené au sous-sol. Le garde ouvre une porte métallique et on me fait entrer dans une salle immense. Il doit bien y avoir cinq mètres sous plafond, et malgré l'absence d'éclairage électrique il ne fait pas entièrement noir : les trois fenêtres percées très haut dans les murs me suffisent pour distinguer d'autres détenus assis par terre. Il y a aussi sous le plafond un grand chauffage soufflant, mais il est éteint. Il fait très froid. Des prisonniers ont une technique futée pour éviter de s'asseoir directement sur le sol glacé : ils ont les fesses sur une de leurs claquettes et les pieds posés, nus, sur l'autre. Je les imite.

Peu à peu, de nouveaux prisonniers viennent s'ajouter à nous. Il devient évident que ceci est encore une zone d'attente. Le prisonnier brun à la cicatrice arrive. Il s'approche de moi et me dit, en pointant le doigt vers lui-même : « Daesh. » Puis il passe l'index en travers de sa gorge. Je hausse les épaules et détourne la tête. Il revient me voir une fois ou deux en répétant « Daesh ». Je fais comme si je n'étais pas intimidé.

De plus en plus de détenus sont amenés. Un jeune, qui ne doit pas avoir plus de dix-huit ou dix-neuf ans, vient me demander dans un anglais approximatif d'où je suis. Je cherche à savoir pourquoi il est là. Il lève juste le bras droit et serre le poing. Un manifestant.

Après un temps qui me semble long, un gardien apparaît à la porte et dit quelque chose ; un autre détenu me fait un signe du menton et nous sortons tous, sauf le prisonnier « Daesh », qui est prié de rester. Je réfléchis au fait que les autorités iraniennes sont extrêmement dures avec tout sympathisant de Daesh ou de l'EIIL (État islamique en Irak et au Levant), et je me demande ce qui va lui arriver. Nous remontons et on nous remet les menottes dans le couloir. Nous regagnons le vestibule, où les gardiens récupèrent leurs munitions. C'est glaçant de voir le policier glisser les balles une à une dans le cylindre de son pistolet. Puis nous sortons pour remonter dans le minibus, sous les regards humiliants des passants.

À la prison, on nous retire les menottes, mais les gardiens mettent une éternité à nous débarrasser des fers, parce que ceux-ci ont un fermoir compliqué. Ils finissent par nous passer une clé pour que nous le fassions nous-mêmes. Au vestiaire, la fouille au corps est plus intrusive qu'à l'aller. Le gardien me dit d'ouvrir la bouche et passe ses doigts gantés sur mes gencives. On me demande aussi de montrer les plantes de mes pieds.

Malgré le conseil donné par mes camarades, je ne retrouve pas mes chaussettes sous le siège dans la salle d'attente.

Nous sommes en début d'après-midi. Dans la cellule, Benjamin m'a gardé une part de déjeuner et demande à l'Interphone que quelqu'un vienne la chercher pour la réchauffer. Je prends une douche froide. Il n'y aura plus d'eau chaude avant 22 heures.

Benjamin et moi essayons de comprendre si nous avons le même juge. Je lui raconte la dernière phrase lancée par le mien, qui m'a glacé jusqu'aux os.

18

La fausse libération de Benjamin

28 janvier. Depuis le début du mois, Benjamin parle beaucoup avec son avocate, Mme Halami, parce que le tribunal de Téhéran est en train de réviser son dossier. Cet après-midi, une annonce est faite par le haut-parleur de la cellule : « Benjamin est libre. » Presque tous les détenus présents applaudissent et lancent des acclamations. Deux prisonniers travailleurs viennent le chercher. Il embrasse tout le monde. Je suis très triste de perdre mon ami. Comment vais-je m'en sortir tout seul ? Ça va être dur de n'avoir personne à qui parler, avec qui partager mon stress. La vie sera bien plus compliquée sans lui, à des milliers de kilomètres de chez moi.

Je me sens très seul pour la première fois depuis mon arrivée dans cette prison. La libération de Benjamin va chambouler mes proches. Ils voudront savoir pourquoi je n'ai pas été libéré en même temps. Mais cela peut aussi galvaniser les autorités en Europe pour passer à la vitesse supérieure.

Taj et moi partageons les effets personnels de Benjamin entre nous et les autres détenus. Je jette sa brosse à dents et sa brosse à cheveux. (Benjamin, en signe de protestation, ne s'est pas coupé les cheveux depuis son arrivée, ce qui faisait enrager les gardiens. Ils ont souvent menacé de lui raser la tête de force.)

Le même soir, la porte s'ouvre, et qui voilà ? Benjamin. Nous sommes abasourdis. Il nous explique que juste avant la dernière porte, où son avocate devait l'attendre, un gardien est venu lui dire de retourner en cellule. Bien sûr, il est anéanti ; ses yeux sont rougis par les larmes. Plus tard, il arrive à joindre Mme Halami, mais elle est aussi confondue que lui. Sur le papier, il est libre, mais quelqu'un refuse de le laisser sortir. Les gardiens aussi sont perplexes. Pour eux, il y a un homme libre en prison, et leur administration ne prévoit pas un cas de ce genre ; donc, Benjamin doit être coupable de quelque chose.

30 janvier. Aujourd'hui, j'entends une voix nouvelle au téléphone, à la place de celle du chargé d'affaires Justin Ryan. Ronan, de l'ambassade d'Irlande à Ankara, a été envoyé pour lui prêter main-forte. Il s'intéresse beaucoup à la culture iranienne et a envie de voyager dans le pays. Je lui suggère des endroits à visiter. Je fais la promo de l'Iran depuis la prison ! Tout ce que je veux, c'est aider cet homme à bien profiter de son affectation.

Ce soir, un codétenu me dit que, d'après sa famille, une lettre entre le Tánaiste, Micheál Martin, et son homologue iranien a fuité dans les médias saoudiens. Je me demande qui est à l'origine de la fuite, et pourquoi. Serait-ce l'opposition iranienne à l'étranger ?

1er février. Benjamin m'annonce qu'il a décidé de se remettre en grève de la faim. Il n'en peut vraiment plus. Mais il ne veut pas le dire aux autorités de la prison : elles l'apprendront quand le Chien rapportera qu'il ne mange plus. Je ne suis pas d'accord. S'il prévient officiellement les autorités maintenant, elles comprendront qu'il en a aussi parlé à sa famille et qu'il est inutile de nier avoir connaissance de la situation.

9 février. Cet après-midi, Ahmeneh me lit un message de ma belle-sœur, Chantal, et de son compagnon, Jean-Pierre : tous deux grands fans de rugby, ils me donnent les scores du Tournoi des Six Nations, qui apparemment vient de commencer. Elle me dit espérer que je serai sorti avant la finale, pour que nous puissions regarder les derniers matchs ensemble. Elle continuera de m'envoyer les résultats et un bref commentaire après chaque match, pour le plus grand amusement de mes codétenus. Taj demande à sa femme au téléphone de se renseigner sur ce sport « étrange ». Je lui fais remarquer que la Géorgie a une équipe nationale qui joue régulièrement dans la Coupe du monde.

10 février. J'avais vu juste : Nicolas Roche informe Benjamin que la prison ne reconnaît pas sa grève de la faim. En plus, comme il est déjà amaigri, sa perte de poids ne sera pas immédiatement visible. Cela dit, les prisonniers savent que la nouvelle ira vite. J'essaie maintenant de manger quand Benjamin n'est pas dans la cellule. Ce n'est pas toujours facile, car je me joins parfois aux autres à l'heure du repas.

Deux Irakiens nous ont rejoints dans la cellule. Ils sont là à la suite de je ne sais quel scandale sexuel. Il y a des négociations amusantes avec Gilet-Jaune, comme toujours, à propos des coups de téléphone. Gilet-Jaune s'en mêle parce qu'avec le temps il a réussi à acheter de multiples cartes de téléphone pour appeler divers endroits. Il existe une technique par laquelle l'interlocuteur au bout du fil se sert d'un autre téléphone pour appeler un tiers, par exemple en Irak, et pose les deux appareils l'un contre l'autre pour que les détenus puissent parler à qui ils veulent. Benjamin et moi n'avons pas le droit de faire ça, pas plus que les missions diplomatiques ne sont autorisées à organiser des conférences téléphoniques. C'est regrettable.

Je reçois un message de ma sœur, Caroline. Le secrétaire privé du président irlandais, Michael D. Higgins, a écrit à notre père à propos de mon affaire. Benjamin me fait remarquer qu'après trois ans en prison il n'a toujours pas reçu de tels égards.

De temps en temps, il y a du raffut dans la grande cellule de l'autre côté du couloir. On entend les gardiens venir rétablir le calme avec des prisonniers travailleurs. Quand ce n'est pas cela, c'est un détenu qui proteste parce qu'on veut l'emmener je ne sais où. Notre porte n'étant pas parfaitement hermétique, on peut en s'agenouillant entrevoir ce qui se passe par la fente en dessous. Mais aujourd'hui, cela prend fin : une équipe de prisonniers travailleurs et d'artisans de l'extérieur viennent souder une bande de métal en bas pour que nous ne puissions plus rien voir.

J'ai remarqué récemment que ma vue se détériorait encore. J'ai été opéré de la cataracte en 2021 et 2023 (par une chirurgienne franco-iranienne, la Dr Marie Callet, dont les parents sont venus d'Iran en France peu après l'arrivée de l'Ayatollah au pouvoir en 1979) et je n'avais plus besoin de lunettes. Mais à présent, j'ai du mal à déchiffrer la pendule à côté de la télé quand je suis à cinq mètres. Il faudra que j'en parle au Dr Honey la prochaine fois.

19

Une sortie au tribunal

Février nous apporte une autre sortie au tribunal, mais je ne l'apprends qu'au moment où un gardien me secoue pour me réveiller, à 6 heures du matin. Au premier point de contrôle, on me permet de rester assis sur une chaise jusqu'à ce que mon nom soit appelé.

Une fois que nous sommes dans le minibus, deux détenues et une gardienne montent. L'une des femmes a un bébé avec elle. Il s'avère que le prisonnier avec qui je suis menotté est le père. Je propose que nous échangions nos places pour qu'il soit côté couloir, plus près de sa femme et son bébé. Le gardien ouvre nos menottes pour que nous puissions échanger. Je me demande pourquoi ce couple est en prison.

Il y a de la neige par terre devant le tribunal. J'ai les pieds gelés dans mes claquettes en plastique. Nous montons au troisième, et le juge est le même. Cette fois, l'audience porte sur les deux fragments de poteries trouvés dans mon sac à dos.

« J'espère que vous êtes conscient que ces tessons ont plus de neuf cents ans et sont très précieux.

— Merveilleux ! dis-je. Il y a une récompense ? »

J'explique que, dans certains pays d'Europe, la règle veut que la valeur d'un objet préempté par l'État soit partagée entre le propriétaire du terrain où il a été trouvé et l'individu qui l'a découvert.

« Si les tessons sont exposés dans un musée, j'aimerais qu'il soit dit que c'est moi qui les ai trouvés.

— Comprenez-vous que les prendre est un crime ? me demande sévèrement le juge.

— Eh bien, non. Je ne pensais pas, parce que je ne comptais pas les sortir du pays. »

Mon impertinence ne lui plaît pas du tout.

Je regagne mon siège. On me demande de ne pas croiser les jambes : ce serait irrespectueux. Je les décroise. Comme d'habitude, on veut me faire signer un document, et, comme d'habitude, je refuse et croise les bras. Cette fois, personne n'insiste et on m'emmène dans la grande salle au sous-sol. Le froid étant intense, je marche de long en large pour faire circuler mon sang. Ce coup-ci, l'endroit est désert.

Je ne retrouve la prison que juste avant le déjeuner : la douche devra attendre ce soir.

Je demande à voir le Dr Honey parce que je découvre que ma vitamine D, que je prends tous les trois mois, manque dans mon colis de médicaments. On m'emmène auprès de lui. Je lui explique la situation et il remplit un bordereau qu'il donne à Hassan. Nous allons au guichet de la pharmacie, puis entrons dans la pièce où on m'emmène habituellement pour mon cachet du matin et mes prises de tension du soir. Il s'avère que je vais recevoir une piqûre. J'explique qu'en général, en Europe occidentale, nous prenons nos traitements par voie orale. Tout le monde a l'air horrifié, puis rit quand c'est mon tour de me faire piquer les fesses.

20 février. Reswan est en train de se laver. Sa bouteille de gel douche est posée sur le mur de séparation des toilettes. Je la déplace jusqu'à l'autre mur, hors d'atteinte pour lui. Il ne me voit pas faire parce qu'il a du savon dans les yeux. C'est très drôle de le regarder tâtonner pour trouver son gel. Je me suis baissé pour me cacher, et je l'entends pousser des jurons. Quand il m'aperçoit enfin, ma petite blague nous fait bien rigoler.

Je décide de fabriquer un jeu de cartes. Les cartes à jouer étant interdites en Iran, il y a peu d'espoir de s'en faire envoyer. J'utilise le carton des cartouches de cigarettes, et des stylos noirs et rouges pour tracer les quatre suites. Je faisais des réussites sur mon téléphone avant d'être ici : jouer avec de « vraies » cartes, c'est un changement. Et bien sûr, cela attire l'attention de mes codétenus ; en particulier Karim, qui m'a enseigné le backgammon et un autre jeu à joueurs multiples, ce qui m'aide à apprendre à compter en farsi. Le plateau, mes codétenus l'ont dessiné sur la toile des gros sacs de riz qu'ils achètent à la boutique. Nous utilisons des capsules de bouteilles comme pions. Je fabrique aussi une version du « Shut the Box », un jeu simple dans lequel on abat des clapets numérotés en fonction du tirage des dés. J'emprunte les dés du jeu de backgammon. Nous avons également un jeu de dames, mais il n'intéresse pas beaucoup mes codétenus.

Benjamin a réussi à mettre la main sur des CD clandestins, dont *Another Brick in the Wall* de Pink Floyd : de temps en temps, quand personne ne regarde la télé, nous mettons un peu de musique. Abdullah et Ibrahim aussi sont fans de Pink Floyd. Benjamin, qui est déprimé depuis sa fausse libération, a quelques disques français que j'aime bien, mais qui me donnent le mal du pays.

21 février. Une surprise aujourd'hui : la sécurité me remet une peinture. Elle me vient d'Abel, onze ans, le petit-neveu de Roland, qui vit dans la région de Montpellier. Elle est pleine de couleurs, avec des hommes qui « s'envolent » du sol vers le ciel. Les mots « paix » et « courage » sont peints autour de la Terre. Mes codétenus sont émerveillés. Ils me demandent de traduire les mots écrits. Taj déniche une pochette en plastique transparent pour protéger l'œuvre, que nous accrochons juste à côté de la télé pour que tout le monde la voie, y compris les gardiens quand ils font l'appel. Taj me dit qu'elle devra rester là quand je serai libéré. Je suis d'accord. Abel serait fier.

Benjamin et moi sommes informés que nous devons suivre un prisonnier travailleur pour aller faire enregistrer notre identité. On nous emmène donc dans le grand couloir, puis au-delà du restaurant du personnel et de la piscine vide également destinée au personnel (la prison a été construite en 1960, sur les plans d'un architecte allemand, paraît-il). Dans un immense bureau, devant lequel s'étire une très longue file d'attente, des employés sont assis derrière des ordinateurs Dell. On prend notre photo, nos empreintes digitales, après quoi on nous demande quel est notre « crime ».

Nous répondons : « otages ». Cela les désarçonne car évidemment l'option ne figure pas dans leur système. S'ensuit une discussion perplexe, au terme de laquelle ils finissent par inscrire « sécurité » ou « politique » à la rubrique « crime ». Benjamin leur demande à quoi sert ce document. On nous répond, de manière pas très convaincante, que c'est pour une nouvelle carte de paiement pour les détenus étrangers. Quand Benjamin et moi revenons, les cinq autres étrangers de notre cellule sont emmenés.

Dans l'après-midi, on me conduit dans la salle où j'ai rencontré notre avocate, Mme Halami. Deux hommes s'y trouvent. J'en reconnais un : c'est l'« interprète » du juge qui m'a dit que je mourrais en prison. L'autre m'est présenté comme étant mon avocat.

Je ne comprends pas.

« Mais j'ai déjà une avocate : Mme Halami. Je n'ai besoin de personne d'autre, et je ne veux personne d'autre.

— Asseyez-vous », me dit mon « avocat ».

Je me baisse vers une chaise de bureau à roulettes. Quand je m'assois, elle s'effondre, et la base de ma colonne vertébrale heurte violemment le sol de pierre. J'ai terriblement mal, et je hurle contre les deux imbéciles qui me regardent me tordre au sol. Ils me trouvent un autre siège.

Une fois l'ordre revenu, l'un d'eux prend la parole.

« Comme le tribunal islamique révolutionnaire ne reconnaît pas Mme Halami, on vous a attribué un autre avocat. »

Je croise les bras.

« Je ne reconnais pas cet homme comme étant mon avocat. Je veux retourner en cellule.

— Oui, oui. Dès que vous aurez signé ces documents. »

Ils me tendent une liasse de papiers, tous en farsi.

Je secoue la tête. « Non. Pas question. » Une fois de retour en cellule, je demande à voir le Dr Honey parce que j'ai très mal au dos depuis ma chute et qu'il me faut un antalgique. Lorsque je lui parle de l'incident de la chaise, il s'inquiète. Il m'examine, et quand il appuie dans le bas de mon dos, je crie de douleur. Il me fait une ordonnance pour des antalgiques.

22 février. Nouveau passage au tribunal. Mais cette fois, après le vestiaire, on m'amène directement à un minibus qui attend. Pas de menottes ni de fers. Mon gardien armé et moi patientons quelques minutes, et qui voilà ? Le Dr Honey, tout sourire, avec un infirmier. Je suis complètement perdu. Que se passe-t-il ?

Au tribunal, nous entrons par l'arrière et pénétrons dans la cour habituelle. Dans le couloir se trouvent beaucoup d'hommes en uniforme à passementeries dorées. On nous invite à prendre l'ascenseur jusqu'au quatrième étage. Là, dans une grande salle de tribunal, je vois l'avocat qu'on m'a attribué et une interprète, qui parle un français excellent. Elle me dit qu'elle a appris la langue à Nice et dans le 16e arrondissement de Paris – le quartier de l'ambassade d'Iran. Il y a des caméras de télévision, des spots, et beaucoup de gens qui déambulent en attendant. On me dit de m'asseoir derrière un pupitre avec un micro. Le Dr Honey et l'infirmier prennent place juste derrière moi. Je reconnais l'« interprète » du juge, qui semble être à la table de l'accusation, sur ma gauche.

Le juge arrive et nous nous levons. Ce n'est pas le même que lors de mes précédentes audiences. Un homme en uniforme militaire s'approche d'un pupitre, prend un livre dont je devine que c'est le Coran, et commence à chanter quelque chose. Cela dure une bonne dizaine de minutes, pendant lesquelles la caméra le filme avec son public. Le juge procède à la lecture de l'acte d'accusation contre moi, et l'interprète traduit. Je suis stupéfié par la liste de faits qui me sont reprochés, y compris d'avoir envoyé des photos au journal anglais *The Guardian*. Ils vont jusqu'à dire que l'horaire des trains trouvé dans mon sac est une preuve contre moi. Je me contente de sourire, et lorsqu'on me demande si j'ai quelque chose à ajouter, je nie en bloc. Mon « avocat » plaide ensuite en ma faveur, en invoquant mon état de santé et mon âge.

On m'invite à me rasseoir. À ma droite et à ma gauche, je retrouve les deux hommes de l'époque de mon confinement solitaire. Tous deux portent une casquette de base-ball et un masque chirurgical, et passent leur temps sur leurs téléphones. On me demande à nouveau de me lever. Le juge lit ma sentence. Trois ans et demi d'emprisonnement pour avoir fourni des informations à un État ennemi. Cependant, le juge ajoute qu'il va demander une remise en liberté immédiate eu égard à mon âge et à ma santé défaillante. L'avocat a l'air très content. On me demande de signer des documents, mais je refuse parce qu'ils ne sont ni en anglais ni en français et que l'avocate de mon choix, Mme Halami, n'est pas présente. Cela ne semble pas poser de problème ; les magistrats se contentent de hausser les épaules.

Le Dr Honey, radieux, me donne des tapes dans le dos. C'est une bonne nouvelle, sûrement… C'est très plausible, en tout cas. Je ne suis plus tout jeune, je suis en mauvaise santé et, comme me l'a dit M. Houey, il n'y a pas de dossier contre moi. L'interprète vient m'expliquer que mon soi-disant avocat doit me rendre visite demain et qu'elle va lui confier un livre pour moi, en français, sur la vie d'André Malraux. On me ramène au minibus et à la prison, avec le Dr Honey et l'infirmier.

25 février. Fouille de la cellule. Au terme de la promenade du matin, nous ne sommes pas autorisés à rentrer. Des prisonniers travailleurs et des gardiens gantés passent au peigne fin les affaires de mes codétenus. Il paraît qu'ils font cela de temps en temps pour jouer avec les nerfs des prisonniers. Ils ne touchent pas à mon lit ni à celui de Benjamin. Tout se passe dans l'ordre et le calme. Ils emportent quelques petites choses dans des sacs-poubelle.

J'essaie d'appeler mon père puis Caroline, en vain, mais j'arrive à joindre Roland. Notre conversation est un peu émue. Il me parle des travaux dans la maison de Banyuls. Je lui dis que nous avons encore des chutes de neige à Machhad. Je ne peux pas mentionner directement le froid parce que c'est tabou d'évoquer nos conditions de vie, mais je suis sûr qu'il comprend.

Après le coup de fil, on m'emmène dans le bureau du directeur de bloc, où des livres ont été déposés pour moi. Cela m'étonne, car d'habitude les objets sont laissés au bureau de la sécurité, juste à côté, là où je viens de parler à Roland au téléphone. Étaient-ils pressés de m'en faire sortir ?

L'avocat ne vient pas, contrairement à ce qui était promis.

Je dévore les recueils de grilles de mots croisés de l'*Irish Times*. Ils me viennent de ma cousine, Catherine Phelan, qui était justement en Iran vers le moment de mon arrestation. Cette stimulation de mes neurones est la bienvenue. Quelqu'un nous a aussi envoyé un almanach 2023 français, un cadeau merveilleux. Pour chaque jour de l'année, il y a une histoire, ou des anecdotes, sur ce qui est arrivé il y a cent ans le même jour. C'est un lien avec la maison. Un autre livre que Benjamin et moi aimons beaucoup a été envoyé par un ami à lui : c'est un gros volume de citations humoristiques classées par thème – mariage, gastronomie, animaux, politique, littérature, religion, etc. Les auteurs de ces citations sont variés, de Groucho Marx à Winston Churchill. Je le lis souvent en mangeant. Les Iraniens ont l'air amusés quand nous lisons et rions tout seuls. Je me dis que ces deux ouvrages devraient être envoyés systématiquement aux gens comme nous par les autorités européennes. Tout ce qui peut nous remonter le moral est le bienvenu.

Abou Hassan me dit que je lui rappelle son oncle. Je lui demande pourquoi. Il m'explique que son oncle s'est fait mal au dos en tombant de cheval, et que depuis il marche de traviole, comme moi. Ce n'est pas très bon signe !

20

Le verdict du tribunal révolutionnaire

26 février. Encore un passage au tribunal ce matin. Je suppose que c'est pour le verdict final, et que ma condamnation va être annulée et ma peine levée. Un Dr Honey souriant m'attend dans le minibus, sans infirmier. Nous passons de nouveau par l'arrière du tribunal et montons au quatrième, par l'ascenseur. Cette fois il n'y a pas de caméras, et bien moins de monde. M'avisant que l'avocat est là avec l'interprète, je lui rappelle qu'il n'est pas venu me voir comme promis. Il bredouille quelque chose que l'interprète ne traduit pas. On me dit de me lever et le juge lit la sentence. Six ans et demi ferme, et non trois et demi annulés pour raisons de santé. Je suis sous le choc. J'entends le Dr Honey gémir derrière moi. L'avocat et l'interprète regardent le bout de leurs chaussures.

Le juge sort et je me rassois. Le Dr Honey s'en va aussi. J'apprendrai plus tard qu'il est allé voir le juge pour lui réexpliquer que ma santé était mauvaise et qu'il fallait me renvoyer chez moi. Mais sa tentative reste stérile. Il revient en secouant la tête. Il m'avoue qu'il ne comprend pas ce qui se passe.

Nous regagnons la prison dans un silence de mort.

Je raconte à mes codétenus ce qui m'arrive. Ils sont surpris, tous sauf Benjamin, qui dit qu'il n'y a pas de réelle procédure judiciaire dans notre cas, comme il n'y en a pas pour les prisonniers politiques.

27 février. Aujourd'hui, deux prisonniers attendent leur exécution dans les cellules qui jouxtent le bureau des gardiens. Nous ne savons jamais qui ils sont ni ce qu'ils ont fait. Tout ce que nous voyons, ce sont leurs claquettes devant la porte.

1er mars. Dans notre cellule, un certain nombre de détenus font pousser des plantes. Je pense qu'ils prennent des boutures dans la jardinière de la cour. Les pots sont souvent rangés sur les lits du haut, près des fenêtres, à côté de Benjamin et moi. Benjamin m'en indique un et me chuchote : « Cannabis ! » En regardant de plus près, je n'en reviens pas. La plante est petite, mais ses feuilles sont reconnaissables entre toutes. Mais où son propriétaire a-t-il bien pu trouver des semences ? (Il s'avère que le mélange de graines qui sert à nourrir les oiseaux de la volière à l'étage en dessous contient des graines de cannabis.) J'en reste bouche bée. Les risques qu'ils prennent ! Je ne comprends pas. Je ne sais pas qui d'autre est au courant, à supposer que quelqu'un le soit. Une semaine plus tard, la plante a disparu.

Cet après-midi, il y a une prise de bec entre Gilet-Jaune et Taj. Les insultes volent, mais je ne sais pas au juste pourquoi. Ils en viennent presque aux mains, mais nous les séparons, aidés par d'autres détenus. Benjamin et moi ceinturons Taj.

Je n'ai jamais vu personne dans une telle colère ; ce n'est pas facile de le retenir. Un gardien et des prisonniers travailleurs arrivent, et les emmènent. Avec les caméras à l'appui, ils devraient pouvoir déterminer qui a lancé l'altercation.

Taj et Gilet-Jaune reviennent tous les deux ce soir. Taj nous explique que Gilet-Jaune, qui, comme lui, est en prison depuis plus de sept ans, se plaignait du fait que Taj prenait plus de place que lui dans la cellule. Il s'est mis ensuite à insulter sa famille, et plus particulièrement son père. Ils sont tous les deux d'une humeur massacrante. Il y a peu de sympathie pour Gilet-Jaune, que son comportement isole de plus en plus. Il s'est engueulé avec Abou Hassan il y a un petit moment. Ce dernier ne lui parle plus, et s'il y a un repas en groupe où Gilet-Jaune est présent, il préfère manger seul. Gilet-Jaune m'a dégoûté, moi aussi, avec ses propos sur Hitler et sur la couleur de peau des footballeurs français.

Ma tension crève le plafond à la prise suivante. On me crie encore dessus parce que je refuse de prendre le traitement, mais je suis bien décidé à continuer tant que je serai ici.

Ce soir, pendant que nous bavardons, Taj me raconte qu'un peu avant mon arrivée le directeur de la prison l'a fait descendre dans la cour avec cinq autres détenus. Trois d'entre eux, y compris Taj, ont été renvoyés en cellule. Les trois autres, pendus le lendemain matin. Taj espère encore que sa condamnation à mort sera annulée.

Benjamin revient de son coup de téléphone à sa famille, l'air profondément malheureux. Il vient d'apprendre le décès de sa grand-mère il y a quelques jours. Le pauvre, il me raconte que, quand il a fondu en larmes, le gardien lui a dit de ne pas pleurer. Il continue sa grève de la faim, n'absorbant que du café au lait et de l'eau avec une petite cuiller de purée de tomate diluée.

Mon père a eu quatre-vingt-dix-sept ans en novembre dernier. Il est plutôt en bonne santé, mais un peu frêle et instable sur ses jambes. L'idée de ne jamais le revoir en vie m'obsède. S'il lui arrivait quelque chose, je me demande si ma famille me le dirait. Pourrais-je surmonter le choc ? Je n'en sais rien.

3 mars. Encore des averses de neige. Toujours un froid de canard dans la cellule. Ma tension a été élevée pendant deux jours avant de revenir à un niveau « normal ». J'ai reconnu un autre détenu au centre médical hier soir : lui aussi est en grève de la faim, et c'est à peine s'il pouvait marcher. Il avait les yeux enfoncés dans les orbites. Son crime, pour lequel il est condamné à vingt ans d'emprisonnement, a été de se convertir à l'islam sunnite et non chiite. Je l'ai aidé à remonter l'escalier pour regagner sa cellule, juste en face de la nôtre.

5 mars. Une bonne nouvelle ce matin : nous avons droit à des tapis neufs. Les trois anciens, complètement usés, sont remplacés par de nouveaux en coton et synthétique. Je me suis attiré des ennuis il y a un moment pour avoir posé une casserole chaude sur celui qui était près de la porte, laissant une grosse trace de brûlé.

Comme le changement de tapis soulève une quantité énorme de poussière, nous finissons par aller chercher l'aspirateur. Nous découvrons que le Chien entrepose de la nourriture sous son lit. Tout le monde est furieux parce que cela attire les cafards, les souris et même des rats. Pour ma part, je n'ai vu que les cafards. Il en va de même avec le réfrigérateur : le Chien y accumule aussi de la nourriture, jusqu'à ce que ça grouille dans ses boîtes de conserve et ses récipients en plastique. C'est immonde.

Il n'est pas le seul à faire n'importe quoi avec le frigo. Certains de mes codétenus y mettent directement des plats encore chauds, ce qui fait qu'il n'est jamais très froid. La porte en plastique du petit compartiment freezer en haut étant cassée, elle tombe chaque fois qu'on ouvre le réfrigérateur. Résultat : les aliments ont tendance à se périmer rapidement.

J'en parle à Taj, qui me rappelle que le Chien, en tant que chef de cellule, devrait gérer ça. Je le sais bien, dis-je, mais je n'ai jamais vu personne nettoyer le frigo depuis mon arrivée. Nous demandons donc aux autres si on pourrait établir un roulement pour cette tâche. La plupart sont d'accord, et nous décidons de nous y atteler le jour suivant, ce qui laisse du temps à chacun pour s'organiser. Ceux qui ont des plats congelés ont la possibilité de les confier à la boutique à côté jusqu'à ce que ce soit fini. Je prévois aussi de demander à certains de jeter leurs vieux restes pour faire de la place. Je marque les boîtes et les sacs qui contiennent ma nourriture des lettres « IRL », comme Irlande.

Le lendemain matin, après la première promenade de quarante-cinq minutes (nous sommes enfermés vingt et une heures et demie sur vingt-quatre), chacun sort ses plats du réfrigérateur, après quoi les codétenus les plus costauds le portent dans l'espace de lavage, où il décongèle. Puis de l'eau chaude est prise dans le broc à thé, et Reswan, le Chien (étonnamment) et Taj procèdent à un bon nettoyage. J'essaie de les convaincre d'établir un roulement, mais personne n'est très enthousiaste, je ne sais pas pourquoi.

La volière, contrairement à certaines zones, est assez souvent entretenue. On y entre par une porte cadenassée. Un soir, pendant qu'un prisonnier travailleur était en train de faire du nettoyage à l'intérieur, j'ai discrètement refermé le cadenas pour l'empêcher de sortir. J'ai fait le tour pour observer sa réaction. Vous auriez vu sa tête ! En se retournant, il m'a vu hilare et a éclaté de rire. Depuis, quand je suis dans les parages, ceux qui lavent la volière gardent le cadenas sur eux.

8 mars. Il s'est passé de drôles de choses au centre médical aujourd'hui. Des hommes en costard sont venus me « regarder ». Je ne les avais jamais vus. Ce soir, le guichet s'ouvre et le chef des prisonniers travailleurs apparaît avec un autre type. J'entends qu'ils disent mon nom et je constate qu'ils me montrent du doigt.

9 mars. Taj m'apprend que sa femme a vu ma cousine, Patricia Phelan, pleurer à la télé lors d'une conférence de presse à Dublin. C'est dire le nombre de gens en Iran qui regardent la télévision d'opposition, et l'importance des réseaux sociaux. L'État iranien essaie de juguler Internet en contrôlant l'accès aux sites web et en coupant le réseau de temps en temps, mais les nouvelles circulent quand même.

Les détenus ont droit à des visites maritales/conjugales. Le Chien en est le plus grand bénéficiaire dans notre cellule. On sait toujours quand il va passer quelques heures dans une chambre avec sa seconde épouse, car le matin il reste une éternité sous la douche et il met une chemise propre. La femme de Taj, pour sa part, apporte des draps propres quand elle vient.

11 mars. Encore une visite consulaire française. L'ambassadeur, Nicolas Roche, annonce qu'il a une surprise pour nous. Peu après, un médecin français arrive avec le Dr Honey. Il est venu de Paris via Dubaï, et travaille au ministère des Affaires étrangères. Le gouvernement français lui a obtenu un visa le vendredi précédent – le jour de repos en Iran. D'après Nicolas, c'est très inhabituel et cela montre que les Iraniens sont soudain extrêmement coopératifs. Le médecin nous examine tous les deux et discute avec Benjamin de sa grève de la faim. Le Dr Honey s'en va chercher quelque chose. Il revient avec nos dossiers. Le médecin français veut photographier les résultats avec son téléphone, mais un responsable de la sécurité dit non. J'apprendrai plus tard que, à part la Corée du Nord, l'Iran est le seul pays qui ne partage pas les dossiers médicaux de ses détenus. Le Dr Honey explique nos résultats d'examens, et le Français prend des notes. Il dit à Nicolas Roche et au Dr Honey que Benjamin et moi devons être hospitalisés sur-le-champ. Le Dr Honey est d'accord.

Le lendemain matin, on nous ramène à la sécurité. Tous les livres et les cadeaux apportés la veille par l'équipe française y sont déjà, ce qui est extraordinaire. Plus tard dans la journée, j'ai la joie d'avoir Roland au bout du fil. Il est à Banyuls. Nous parlons de la peinture faite dans certaines pièces par Geneviève, Dany et d'autres amis de Toulouse, accompagnés par Lulu, le chien de Geneviève, un welsh terrier qui a adopté Roland.

Le jour suivant, Justin Ryan ne décroche pas, mais j'ai le numéro de l'ambassade d'Allemagne, où il est basé, sur ma carte de téléphone. La dame qui me répond m'explique que Justin est en réunion. Elle me dit que son père à elle a appris que le mien était âgé et qu'il s'enquiert régulièrement de moi. Elle commence à s'excuser de ce qui m'arrive. Je lui demande d'arrêter.

On m'emmène voir le Dr Honey. Ma tension est élevée depuis plusieurs jours. Il essaie encore de me convaincre de prendre son traitement. Je cède pour cette fois. Il vérifie ma tension : elle est très haute. J'accepte le cachet et le place sous ma langue. Nous attendons environ une minute et, quand il réitère l'examen, bien sûr, elle a baissé. Je reconnais donc qu'il sait comment la faire descendre, mais lui dis que, puisque cela permettra aux autorités de prétendre que je vais bien, je ne reprendrai plus ce médicament.

Le soir, il y a un grand dîner de brochettes et de riz offert par le restaurant du personnel. Personne ne sait trop ce que nous avons fait pour mériter ces largesses, mais il arrive que des détenus – par exemple pour fêter la naissance d'un enfant – offrent un repas à tout le bloc. Il est d'ailleurs possible d'y commander des plats, mais ce serait mal vu par les autres. J'ai acheté des pizzas une fois pour nous tous. Elles étaient assez mauvaises – à peine tièdes –, mais cela nous changeait du rata de la cantine.

Pendant que nous mangeons, Benjamin descend dans son atelier.

21

Le nouvel an persan et le ramadan

20 mars. Ce soir, les Iraniens vont fêter Norouz, le nouvel an persan. Nous passons de l'année 1401 à l'année 1402. Ce n'est pas le calendrier lunaire des autres nations musulmanes, où nous sommes actuellement en 1444. Pendant cette période, le pays semble plus ou moins fermé, comme en Europe entre Noël et le jour de l'an, quand les gens prennent des congés en famille. À côté de la volière, on a disposé sur une table les symboles qui ornent tous les foyers iraniens à cette occasion : des pièces en plastique pour symboliser la prospérité, des œufs décorés pour la fertilité et les nouveaux départs, un miroir pour représenter la réflexion et l'introspection, et un bocal de vrais poissons rouges pour évoquer la vie et le passage du temps. (Il y a d'ailleurs une scène amusante dans le film *Taxi Téhéran* de Jafar Panahi, dans laquelle le cinéaste-chauffeur prend dans son taxi deux femmes qui s'en vont avec des bocaux jeter leurs poissons au parc, après Norouz. Lorsqu'il freine brusquement, les poissons sont éjectés de leur bocal.)

À cette occasion, la plupart des prisonniers travailleurs, ainsi que certains gardiens, arborent une chemise noire à manches longues. Il existe deux sortes de fêtes religieuses en Iran : les tristes et les joyeuses. Les chemises noires sont aussi portées pour les « tristes ». Je ne sais pas combien de fêtes nationales il y a en Iran, il me semble qu'elles sont encore plus nombreuses qu'en Europe occidentale.

Les prisonniers, surtout les prisonniers travailleurs, aiment exhiber leur dévotion religieuse. Hassan, qui m'emmène parfois au centre médical, a même un porte-clés avec la photo de l'ayatollah Khomeini bien visible à la ceinture. J'apprends que de nombreux détenus qui ne sont pas pratiquants dehors deviennent soudain très pieux en prison. C'est en partie pour se faire bien voir des autorités. Lorsqu'on envisage une libération conditionnelle, la conduite de l'accusé, y compris par rapport à la religion, est prise en compte. Il en va de même pour un détenu qui voudrait être transféré dans un « meilleur » bloc ou être changé de prison.

Cette année, le ramadan commence le mercredi 22 mars. Les musulmans s'abstiennent de manger, boire et fumer toute la durée du jour. Les horaires des repas en sont complètement chamboulés, ce qui nous complique la vie. Benjamin et moi pouvons nous alimenter quand nous le voulons (sauf que, bien sûr, il est encore en grève de la faim), mais nous n'avons pas le droit de cuisiner. Les cuisines n'ouvrent parfois qu'à 2 heures du matin, pour que les prisonniers puissent prendre leur repas au milieu de la nuit. Même avec mon somnifère efficace, je n'arrive plus à dormir. Cependant, comme mes codétenus somnolent à longueur de journée, j'arrive un peu mieux à faire une sieste l'après-midi.

Un soir, nous entendons du raffut et des hurlements en bas. Nous finissons par apprendre que deux détenus travailleurs ont essayé de tabasser un prisonnier politique âgé. Il paraît qu'ils l'ont attiré près de la grille de la cour, une des rares zones préservées des caméras de surveillance. Ils l'ont malmené un bon moment avant qu'un autre détenu ne vienne à son secours. D'après la rumeur, quelqu'un, probablement dans le gouvernement, a voulu faire peur à ce vieux monsieur qui n'a pas sa langue dans sa poche, y compris au téléphone. Résultat : il n'est plus autorisé à se servir des trois téléphones en libre-service et doit passer ses appels depuis le bureau du chef de bloc. Cela nous rappelle bien que nous ne sommes jamais à cent pour cent en sécurité.

27 mars. Ce matin, on nous dit de protéger notre nourriture et nos affaires parce que cet après-midi un insecticide contre les cafards va être vaporisé dans la cellule. Nous devons déplacer nos effets personnels dans le couloir. Nous nous dépêchons de sortir nos aliments frais, nos vêtements et nos draps, nous ouvrons toutes les fenêtres possible, puis Hussein arrive, un vaporisateur accroché dans le dos. Il ne porte pas de masque. Pendant qu'il commence, nous allons attendre dans le couloir. Le produit dégage une odeur horrible. Les occasions de ce genre sont idéales pour faire un grand rangement : nous passons le reste de la journée à nous activer, ce qui m'empêche de trop penser à la maison.

Je vois un cafard de temps en temps dans notre bloc, mais la plupart sont morts et gisent autour des poubelles de la cour. La nourriture de la cantine est-elle mauvaise à ce point ?

28 mars. Je suis convoqué dans le bureau du chef de bloc. Le Dr Honey est là avec un inconnu. Honey m'explique que ce « docteur » a été envoyé de Téhéran pour m'examiner. L'homme a un carton duquel il retire le matériel pour prendre ma tension. À le voir manipuler l'équipement, je me demande s'il est réellement médecin. Il vérifie ma tension. Je dois insister pour qu'il me donne le résultat, qui est bien trop élevé, comme d'habitude. Il me dit qu'il va bientôt revenir.

La grève de la faim de Benjamin approche de son soixantième jour. Je vois bien que ses pommettes sont plus saillantes, mais c'est surtout à ses doigts que je remarque son amaigrissement : les jointures sont très proéminentes. Il me confie qu'il a de plus en plus de mal à dormir. Je suis en train de lire un ouvrage de Matthew Walker intitulé *Pourquoi nous dormons*, un texte fascinant que m'a envoyé d'Écosse ma cousine Patricia. L'auteur explique que deux cycles cérébraux sont en jeu. L'un dit à notre corps : « Je suis fatigué, il faut dormir », tandis que l'autre dit : « Ne dors pas, va chercher de quoi te nourrir. » Je promets donc à Benjamin de lui donner en douce une barre chocolatée tout à l'heure. Ça marche, et il passe une nuit reposante. À partir de là, je lui fais régulièrement passer des barres chocolatées. Il jette le papier dans les cageots rangés sous son lit et je m'en débarrasse discrètement, en veillant à n'être vu ni par les caméras ni par le Chien.

Walker décrit aussi comment le cerveau nous « protège » dans les moments difficiles. Il semble « effacer » les mauvais souvenirs. Je ne fais aucun cauchemar en prison. D'ailleurs, je rêve très peu.

Deux jours plus tard, on me ramène dans le bureau du chef de bloc. Le Dr Honey m'y attend avec un autre homme qui, lui, a bien l'air d'un médecin. Lui aussi prend ma tension. Il me dit qu'il est envoyé par le ministère iranien de la Justice et qu'il reviendra toutes les semaines. Je ne le reverrai jamais.

Cet après-midi, par extraordinaire, nous recevons une table et quatre chaises. Je sais que Nicolas Roche y a travaillé en coulisse à cause de mon dos. Pour la première fois depuis plus de six mois, je peux manger à table. Mes codétenus n'en reviennent pas car, pour ce qu'ils en savent, ce n'est jamais arrivé dans cette prison. Au début, la table est placée près de nos lits, à Benjamin et moi, mais nous la déplaçons jusqu'au mur sous la télé. Nous précisons bien qu'elle est pour tout le monde, et en effet les autres s'en servent.

Un matin, un nouveau prisonnier arrive : un très jeune homme issu d'une région isolée du nord-ouest du Pakistan, près des frontières afghane et iranienne. Il s'appelle Achram et il ne parle même pas bien ourdou, mais Taj et Reswan le mettent immédiatement à l'aise. On nous dit qu'il a vingt ans, mais nous pensons tous qu'il n'en a pas plus de dix-sept ou dix-huit. En d'autres termes, il n'a rien à faire dans notre bloc. Il a un sourire magnifique. Taj le prend sous son aile. Achram n'a jamais vu une télévision. Dans son village, il n'y a ni électricité ni eau courante. D'après ce que nous parvenons à comprendre, il est en prison parce que lui et deux Iraniens ont essayé d'assassiner un mollah, un chef religieux local. Si c'est vrai, son avenir est sombre.

Je reçois un coup de fil de Justin, qui me dit qu'il a reçu la permission de venir me voir le 5 avril. Je suis enchanté. Je lui demande de m'apporter un crayon, du papier et une gomme.

22

Une lettre à mon père

2 avril. Aujourd'hui, ça ne va pas. J'ai des bouffées de chaleur intenses, la sueur perle sur mon front, je suis instable sur mes pieds au point que je dois m'asseoir. Cela s'appelle un « malaise vagal », et c'est dû à une vagotomie que j'ai subie en raison de mes ulcères il y a longtemps – une opération qui n'est d'ailleurs plus pratiquée, en raison justement des effets secondaires. La solution immédiate est d'absorber une boisson sucrée, comme un Coca ou un Sprite. J'arrive à en obtenir d'un codétenu. Quand j'étais plus jeune, je me remettais assez vite de ces crises, qui passaient en quelques heures. Mais à mesure que je vieillis, elles m'affectent de plus en plus et m'épuisent pour la journée entière. Le soir, je m'achète deux petites bouteilles de Coca et je les mets au frigo au cas où. Ma tension est très élevée.

4 avril. Justin me lit une lettre que le président de la République d'Irlande, Michael D. Higgins, a envoyée à mon père. Il lui dit que sa femme Sabrina et lui prient pour moi tous les soirs. Le président invite mon père à ne pas hésiter à le contacter directement s'il a besoin de quoi que ce soit. Je demande à Justin d'apporter une copie de la lettre et une traduction en farsi pour que les autorités de la prison puissent la voir.

Benjamin n'en revient pas que quelqu'un puisse recevoir une lettre du président. J'essaie de lui faire valoir que l'Irlande, un petit pays, est très différente de la France : si le tutoiement existait, nous aurions tendance à tutoyer tout le monde, même le président ou un ministre.

Ce soir-là, il y a un reportage aux informations régionales : un homme a été arrêté à Machhad pour avoir assassiné son père et dévoré son cœur. Allons-nous avoir un nouveau codétenu dans le bloc des satans ? À propos de meurtre, l'un des prisonniers travailleurs, qui n'est pas bien malin, est ici pour avoir tué ses parents, son frère et sa sœur à coups de couteau. Je ne sais pas du tout à combien d'années il est condamné.

Lorsqu'on m'appelle pour le rendez-vous avec Justin Ryan, je dis à Benjamin que je suis sûr qu'il sera accompagné par une femme. Benjamin doute que les Irlandais enverraient une femme dans une prison pour hommes. Et pourtant, bingo : Justin est avec une collègue iranienne dont le foulard est repoussé en arrière, montrant ses cheveux blonds.

Justin me donne une chaleureuse accolade et sa collègue me serre poliment la main. Il est venu chargé de livres et de vêtements. C'est dommage qu'on ne puisse pas nous apporter de denrées alimentaires. J'adorerais pouvoir me faire un bon café et boire une tasse du thé de Barry.

Justin me montre une lettre du ministre des Affaires étrangères, Micheál Martin. Du bout de son crayon, il m'indique une phrase dans laquelle le ministre fait allusion à mon mari, Roland. Il me demande si, là-bas en Europe, ils peuvent évoquer notre couple. « Absolument », dis-je. Je ne veux pas cacher mon homosexualité. C'est ma deuxième arme, après ma santé fragile, pour sortir d'ici. L'idée qu'un homosexuel européen soit retenu dans une prison iranienne ne peut que faire beaucoup de bruit chez nous.

Justin et sa collègue sont arrivés en avion de Téhéran la veille. Prendre des vols intérieurs en Iran peut être compliqué pour les diplomates parce que certaines compagnies leur sont interdites, et que sur celles qu'ils peuvent prendre, ce sont certains appareils qui leur sont cette fois interdits. Beaucoup de compagnies aériennes iraniennes sont en effet sur la liste noire de l'Union européenne parce que leurs avions et/ou leur gestion ne sont pas au niveau. Par exemple, en 2009, le crash d'un appareil de Caspian Airlines a fait cent soixante-cinq morts. J'ai pris un de leurs très vieux McDonnell Douglas MD-82 entre Bandar Abbas, un port dans le détroit d'Ormuz, et Téhéran. Je n'étais pas rassuré de voir des gens encore debout dans la cabine, téléphonant à leurs amis et à leurs familles, alors que nous accélérions sur la piste !

Justin me dit qu'il rentre de Bruxelles. Les Iraniens ont imposé la fermeture de l'école internationale allemande de Téhéran, où étaient scolarisés ses enfants, ce qui fait qu'il a dû rapatrier sa famille dans la capitale belge pour y trouver un appartement et des places à l'école. Pendant son absence, il y a eu un peu de stress parce que son remplaçant, Oisín, qui arrivait de Turquie, n'a pas pu obtenir tout de suite un visa iranien, même en tant que diplomate. Voilà pourquoi je m'étais soudain retrouvé sans intermédiaire avec l'Irlande pendant quelques jours. Quand les contacts ont repris, quelle joie d'entendre un autre accent irlandais ! La voix d'Oisín a ensuite été remplacée par celle d'une certaine Sonya McGuinness. Je n'avais pas compris, en lui dictant mes messages, qu'elle était l'ambassadrice d'Irlande en Iran, basée à Ankara.

Une fois notre temps écoulé, nous regagnons le couloir, et je remets les livres, les chaussettes, les écharpes et les lettres à la sécurité. La collègue iranienne de Justin se met très en colère contre le responsable du service, se plaignant qu'il mette trop longtemps à valider les effets qu'on m'apporte. Les autres Iraniens dans le couloir baissent la tête, penauds, pendant que cette petite femme démolit leur collègue.

Plus tard dans la journée, on m'emmène au centre médical pour une nouvelle prise de sang. Personne ne m'explique pourquoi. Vers 18 heures, on me tend un uniforme rayé en me disant que je dois encore passer une visite médicale. Tout le monde est très surpris. J'y vais donc, dans mon uniforme. Mais après le vestiaire, au lieu d'être envoyé dans la grande salle à côté de la cour où nous attendons les minibus, je suis conduit dans une autre pièce avec une chaise et un radiateur. Benjamin m'a parlé de cet endroit. Il y a des paires de crochets fixées très haut sur deux des murs avec des sangles blanches sales. Le sol est impeccable, mais les parois portent des taches brun foncé. C'est là que les prisonniers sont fouettés. Les traces sur le mur, c'est du sang séché. Je n'aurais jamais imaginé voir un endroit pareil dans ma vie. C'est horrible. J'ai entendu dire que certains détenus fouettés tenaient en main un exemplaire du Coran dans l'espoir qu'il adoucisse la flagellation.

Au bout d'un moment, on me passe les menottes aux poignets et les fers aux chevilles. Je monte dans un bus avec deux jeunes gardiens et un policier. L'un des gardes, comme toujours, est muni d'une mitraillette. Nous nous enfonçons dans la circulation du soir. Il fait nuit, mais ça me fait du bien de voir les boutiques illuminées et toute l'activité d'une ville animée. Sur une jolie place, nous nous garons devant un immeuble moderne avec des magasins. En descendant, je comprends que nous allons chez un ophtalmologue.

Nous montons à pied au troisième parce que l'ascenseur est trop petit pour nous tous. Nous nous retrouvons dans une salle d'attente bondée, où tous les regards se tournent vers moi. Je m'assois à côté du gardien armé. Le policier va à l'accueil et donne de l'argent liquide pour la consultation. Une vieille dame en tenue traditionnelle noire commence à se plaindre au garde près de moi. Il finit par me retirer les menottes. La femme et moi sourions. On me fait passer devant tout le monde. J'essaie de protester, en montrant du doigt ceux qui attendent, mais le policier ne veut rien savoir : il m'emmène dans le cabinet.

L'ophtalmo parle un bon anglais. Le policier s'assoit dans un coin pour jouer avec son smartphone. Le médecin me fait passer divers tests avec son équipement moderne. Le plus « amusant » est la lecture de l'échelle optométrique. En Europe, elle aurait porté des lettres de tailles différentes ; ici, il s'agit de symboles variés. Je dois dire dans quelle direction ils sont tournés, de gauche à droite ou de haut en bas. Pour une raison qui m'échappe, je fais cela avec des lunettes ! J'en fais la remarque à l'ophtalmo, qui se contente de hausser les épaules. Il rédige un rapport et le donne au gardien. Nous sortons et regagnons la prison. Ça me fait bizarre d'arriver le soir. Ça me rappelle mon premier jour ici.

6 avril. Au téléphone, Ahmeneh me demande de lui confirmer ma taille – 1 mètre 91 – et veut connaître la couleur des yeux de Benjamin. Quelque chose se prépare.

Les gardiens ferment maintenant la cuisine en dehors des heures compatibles avec le ramadan : on ne peut s'en servir qu'au milieu de la nuit. Elle est cependant ouverte un après-midi, où je cours chercher mon thermos pour le remplir d'eau bouillante. La promenade s'achève, nous devons rentrer en cellule. Je demande au gardien d'attendre quelques minutes, le temps que l'eau ait bouilli. « Non », me répond-il. Je dois quitter la cuisine immédiatement. Ce gardien est celui qui rend la vie difficile à tous les prisonniers politiques. Je lui affirme que j'attendrai mon eau chaude. Il est furieux. Je refuse de céder et je prends mon temps pour remplir le thermos. Je suis certain que, si j'étais iranien, je ne m'en serais pas sorti indemne.

8 avril. Encore une visite médicale, toujours vers 18 heures. Dans le centre-ville, le minibus s'arrête devant une clinique. Cette fois je n'ai pas de fers aux pieds, juste les menottes et l'uniforme à rayures bleues. Le policier et le gardien m'accompagnent dans l'ascenseur. Je découvre alors que nous sommes chez un cardiologue. La salle d'attente est bondée.

Le policier a une carte de crédit pour régler la consultation. Pendant que nous patientons, ce dernier, assis à côté de moi, me montre son smartphone. Il y a une photo de moi sur un réseau social. Il sourit, range le téléphone et me retire mes menottes.

Quand mon tour arrive, nous entrons dans le cabinet. Le médecin parle bien anglais. Il m'examine puis m'envoie dans une autre salle, où je dois monter sur un vélo d'appartement, branché à des électrodes. Il faut que je pédale comme un fou : c'est un test d'effort. Puis encore une autre salle pour une échographie, pratiquée par une femme. Le gardien de la prison est tout le temps présent. Nous retournons voir le docteur, qui lui remet son rapport. En bas, pendant que j'attends avec le policier, qui a envoyé le gardien chercher le minibus, un passant s'approche de moi. Il me serre la main et me demande, dans un anglais excellent, pourquoi je suis en prison. Je lui explique mon histoire. Le policer à côté de moi ne dit rien. Le passant me souhaite bonne chance et s'éloigne. Nous retournons dans les embouteillages pour regagner la prison.

Le lendemain, c'est le dimanche de Pâques et on m'autorise à téléphoner chez moi. J'appelle ma sœur, Caroline, qui décroche immédiatement. C'est fantastique parce qu'elle est avec toute sa famille et avec Roland dans leur jardin, à Sèvres. Emilie et Craig, de bons amis à moi, sont présents aussi. C'est Craig que mes interrogateurs ont accusé, en octobre, d'être un agent de la CIA ! C'est un bonheur de pouvoir parler à tout le monde. Ils mangent des œufs de Pâques. Mon festin annuel de Creme Eggs Cadubry me manque. C'est bizarre, ces coups de téléphone : la ligne est tellement bonne que j'ai l'impression que mon interlocuteur est dans la pièce à côté, et non à des milliers de kilomètres à l'ouest.

Le jeudi matin, encore une sortie médicale. Je commence à connaître tout le monde aux différents points de contrôle. Le policier, au lieu de me lancer son « *Inch'Allah* » habituel, me dit « Bonne chance ! » en anglais quand je monte dans le minibus. Cette fois, j'ai les menottes et les fers. Nous nous rendons dans un hôpital universitaire.

C'est un complexe immense. J'ai deux consultations distinctes. La première se passe dans une pièce avec deux médecins et une dizaine d'étudiants. On me pose des questions sur mon statut vis-à-vis du VIH. L'un des médecins m'ausculte. Je me demande ce que pensent les étudiants en voyant un gardien armé dans le coin. Puis, dans une autre aile de l'hôpital, nous attendons pendant une éternité dans un couloir. Tout le monde me regarde. Je regrette de ne pas avoir pris un livre. Quand vient mon tour, j'apprends qu'on va me faire une échographie de l'abdomen. Le médecin procède à l'examen en silence, rédige son rapport et le remet au gardien. Nous regagnons la prison. Je ne sais pas bien ce qui se passe. Je soupçonne qu'ils vérifient la véracité de ce qu'ont inscrit les spécialistes en France dans mon dossier médical. À moins qu'ils ne s'assurent que je suis en bonne santé avant de me renvoyer chez moi ? Je repense aux questions d'Ahmeneh sur ma taille et sur la couleur des yeux de Benjamin.

Le lendemain matin, je repars à l'hôpital. Cette fois, un médecin me sonde avec une électrode qui fait passer un petit courant électrique dans mes membres, ce qui fait tressauter mes muscles. Il dicte ses commentaires à son assistant et ne m'adresse pas un mot. Retour à la prison.

Le jour suivant, on m'emmène voir le Dr Honey. Il m'informe que mes résultats pour l'instant sont bons. Je lui confie que je m'inquiète pour ma vue qui baisse. Lire un livre écrit petit le soir devient problématique.

Décidément, il se trame quelque chose. Le samedi 15 avril, on me conduit dans la salle du centre médical où ils font les prises de sang. Mais cette fois, il y a là deux hommes que je n'ai jamais vus. Ils prélèvent mon sang en apposant un garrot. Les prélèvements sont placés dans un sac jaune qui semble capitonné pour le transport.

Le lundi 17 avril, je suis encore emmené à l'hôpital. Cette fois, c'est une IRM de mon dos. Je commence à bien connaître le plan de cet établissement universitaire. Nous ressortons dans le parking, et un gardien va chercher le minibus. Le policier et moi attendons assis sur le trottoir, à l'ombre d'un arbre. Il sort son téléphone, et, en s'aidant de Google Translate, me dit que l'arbre est un mûrier et que ses fruits sont comestibles. Son collègue, la mitraillette toujours attachée dans le dos, se met à sauter pour tirer sur les branches et cueillir les petites baies blanchâtres. Je me lève pour l'aider. Je ne sais pas ce que pensent les passants en voyant un prisonnier et son garde armé faire des bonds pour cueillir des fruits dans un arbre !

Dans le minibus, sur le chemin du retour, le gardien lit mes rapports médicaux et pousse un sifflement. Je lui demande ce qu'il y a. Il se tourne vers moi et, dans un anglais basique, me questionne pour savoir si je suis allé à pied de l'Irlande à Machhad. Je lui demande pourquoi. Il me dit que l'état de mon dos est calamiteux. Je m'inquiète car je crains d'avoir un problème depuis l'incident de la chaise cassée à l'hôpital.

L'après-midi, on m'emmène pour une nouvelle prise de sang, faite cette fois par le médecin habituel. Il m'injecte quelque chose dans l'épaule et fait une marque avec un stylo. Il m'explique que c'est un test de tuberculose et me recommande de ne pas laver l'endroit pendant trois jours. Il n'y aura pas de second examen. En revanche, le lendemain, sur le chemin du centre médical, je tombe sur le Dr Honey. Il me prend à part, et m'annonce que l'état de mon dos est inquiétant et qu'il faudra bientôt m'opérer. J'en reste abasourdi. Je lui dis que je m'inquiète surtout pour ma vue, mais il insiste : mon dos est en mauvais état et cela ne peut pas attendre.

Le jour même, au téléphone, j'explique la situation aux diplomates irlandais et français. Cela leur fait un choc. Une opération, dans n'importe quelles circonstances, est déjà risquée. Qu'elle soit faite en Iran, et que le repos postopératoire soit passé en prison sur un lit sans matelas, c'est inconcevable.

Benjamin vient de passer les soixante-quinze jours de grève de la faim. Il est très frêle, mais son « régime » de café au lait, de barres chocolatées que je lui glisse en cachette et d'eau chaude à la purée de tomate lui permet, tout juste, de tenir le coup.

20 avril. La télévision nous montre ce soir un immense incendie de forêt qui fait des ravages dans le sud de la

France, non loin de chez nous. La télé iranienne adore parler d'événements négatifs se déroulant dans l'Ouest, qu'il s'agisse des violentes manifs contre la réforme des retraites ou d'accidents terribles. Tout ce qui peut donner une image sinistre de la vie en Occident est bon à prendre.

Récemment, les autres prisonniers nous ont questionnés, Benjamin et moi, sur la fois où Macron s'est fait gifler par un spectateur lors d'un bain de foule en juin 2021. Le criminel a-t-il été exécuté, emprisonné à vie ? Ils n'en ont pas cru leurs oreilles quand nous leur avons dit qu'il avait sans doute été condamné à un court séjour en prison, au maximum. Et en effet, il a écopé d'une peine de dix-huit mois, dont quatorze avec sursis.

Les commentaires de mes camarades à propos de cet incident me donnent une idée. Dans les premières pages de l'almanach que nous avons reçu il y a un moment, il y a une photo officielle du président Macron en noir et blanc. Je décide de m'amuser un peu. Je retire soigneusement la page du livre. Je dessine deux cornes de diable en rouge sur la tête du président. Je glisse l'image dans une pochette en plastique transparent et la colle à la porte du frigo où tout le monde pourra la voir, y compris les gardiens.

Benjamin sourit, mais mes codétenus sont horrifiés.

Désormais, chaque fois que le frigo subit son dégivrage et nettoyage mensuel, la photo est soigneusement retirée puis remise. À côté du portrait de Macron, un détenu a collé un petit cliché couleur du général Soleimani, l'officier iranien tué par un drone américain à Bagdad en janvier 2020. Il était, et demeure, très populaire parmi les Iraniens.

21 avril. C'est la fin du ramadan, enfin. Les autres cuisinent comme des fous, et la boutique propose des gâteaux qu'elle a pu se procurer à l'extérieur. C'est une joie de revenir à des horaires normaux, même s'il redevient impossible de faire la sieste à cause de la télévision.

Ce soir, un nouveau arrive parmi nous, un homme que Taj connaît car il possède une entreprise de dépannage et Taj a déjà fait appel à ses services. On nous informe qu'il est maintenant chef de cellule, c'est-à-dire « mouchard » (il rapporte aux autorités ce qui se passe dans la cellule), en remplacement du Chien. Il explique qu'il a été condamné à mort et qu'on lui a proposé ce poste, dont aucun de nos codétenus iraniens ne veut ; il l'a accepté dans l'espoir de voir sa peine commuée en emprisonnement à vie.

Le Chien reste mais ne sera plus le patron. Il y a quelque temps, la plupart d'entre nous avions signé une lettre demandant un changement de chef parce qu'il était nul. Le nouveau est grand et doit approcher de la soixantaine. Il est pâle et semble malade. Au début, il dort par terre dans un coin, alors qu'il y a des lits libres. Il parle aussi l'ourdou, ce qui lui permet de discuter avec Reswan et Achram. Il ne cherche pas à interagir avec Benjamin ou moi, je ne sais pas bien pourquoi.

J'ai lu quarante-sept livres depuis le début de mon emprisonnement.

23 avril. Ce matin et encore cet après-midi, Benjamin et moi échouons à joindre l'ambassade de France. Nous appelons notre avocate, Mme Halami, mais elle ne sait pas ce qui se passe, pas plus que Justin. Lorsque nous arrivons enfin à parler aux Français, le lundi, nous apprenons que ce n'est pas la première fois que leurs lignes téléphoniques sont coupées. Christian, le consul, me dit que parfois ils doivent renvoyer leurs employés iraniens chez eux parce qu'il y a des manifestations devant l'ambassade, dont les participants sont amenés par cars spécialement pour l'occasion.

Le lendemain soir, nous regardons *Mary Poppins* à la télévision. Benjamin me signale que c'est la version iranienne expurgée et me recommande d'être attentif. Vous vous rappelez le début du film, où Mary descend du ciel avec son parapluie ? Eh bien, cette scène est coupée. (Seul Allah descend du ciel.) Le passage où Mary chante avec les ramoneurs aussi a été retiré, comme la plupart des scènes musicales, les femmes n'ayant pas le droit de chanter en public. Résultat : le film ne dure guère plus de trois quarts d'heure.

Il y a une multitude de règles gouvernant les interactions entre hommes et femmes en Iran. Les hommes n'ont pas le droit de toucher une femme qui ne soit pas leur mère, leur épouse ou leur sœur. J'ai vu une série télé dans laquelle une femme faisait une crise cardiaque pendant qu'un plombier travaillait chez elle. L'homme, paniqué, devait aller chercher de l'aide parce qu'il ne pouvait pas intervenir. Si une femme tombe dans la rue, le film est coupé à ce moment-là et on la voit directement repartir, parce qu'il est impossible de montrer ce qui a dû se passer en réalité : un piéton homme l'aidant à se remettre debout. S'il y a des extraits de journaux télévisés à la télé et si la présentatrice étrangère a un décolleté, tout est flouté en dessous de son menton. Les détenus ne sont pas autorisés à avoir en leur possession des photos de leur épouse, de leur mère ni de leurs filles adultes. Il en va de même pour l'alcool, qui est strictement prohibé. Quand une scène de film se déroule dans un bar, par exemple dans un western, les bouteilles à l'arrière-plan sont floutées.

Mme Halami nous apprend qu'elle sera à Machhad mardi 25 avril pour une audience concernant Benjamin et qu'elle essaiera aussi d'aller voir le tribunal révolutionnaire pour moi. Il y aura une nouvelle visite consulaire française le jeudi : la semaine est chargée.

Mon travail du cuir avec Benjamin avance bien. J'ai fabriqué un sac à main pour ma sœur. Son mari, Pierre-Frédéric, travaille chez Hermès : ce sera drôle. J'ai aussi fait deux grandes besaces en peau de chameau pour Roland et moi. Reswan, pour arrondir ses revenus, et maintenant Achram aussi, produisent à tour de bras. Ils réalisent des plateaux d'échecs et des portefeuilles magnifiques. Benjamin n'en peut plus de négocier avec les prisonniers travailleurs pour obtenir le cuir et vendre les réalisations des détenus. Ceux qui nous fournissent le matériel cherchent à nous estamper, si bien que Benjamin décide d'arrêter et d'utiliser ce qui lui reste de cuir. Il suggère que nous réalisions un grand sac de voyage. Comme je ne suis pas brillant en couture – je n'ai pas la patience –, nous décidons que ce sera Achram qui coudra et que je le paierai, la moitié maintenant et la moitié quand le sac sera terminé. Il est ravi : au moins, ça lui fait de l'argent.

Achram, comme Reswan et Taj, est très pieux et passe beaucoup de temps à prier, à genoux sur un tapis de prière, se balançant d'avant en arrière et psalmodiant à voix très basse.

Taj et moi essayons de lui enseigner l'anglais, et il apprend vite. Comme la maroquinerie. Il a soif d'apprendre. J'ai reçu quelques livres de Justin, le chargé d'affaires irlandais, dont *Le Vieil Homme et la Mer*, un texte facile et bien connu des Iraniens. J'ai aussi fait venir un exemplaire de *La Ferme des animaux* pour le Dr Honey.

Je suis parfois étonné par les ouvrages qui passent le barrage de la sécurité. Par exemple, la *Lettre à un otage* de Saint-Exupéry. Si le titre avait été en anglais, je ne crois pas qu'il me serait parvenu. Je pense que les responsables de la sécurité n'ont simplement pas pris la peine de le traduire. J'apprendrai plus tard qu'on m'a aussi envoyé un exemplaire, en anglais, du *Comte de Monte-Cristo*, encore une histoire de prison. Je le n'ai jamais reçu.

Au retour de son audience au tribunal, Benjamin a l'air perplexe. Personne ne semble comprendre ce qui se passe. L'idée a été émise qu'il pourrait être libéré sur parole, mais la question était de savoir qui paierait la caution. Il y a aussi eu de la confusion quant au fait de savoir s'il devait rester à Machhad ou s'il pouvait être transféré à l'ambassade de France à Téhéran. Maintenant, il apparaît qu'une libération sur parole n'a jamais été proposée.

Pendant la visite consulaire du lendemain matin, l'équipe française a l'air morose. Nicolas Roche, l'ambassadeur, nous dit qu'il a été naïf de croire la justice iranienne. Il nous supplie de ne pas faire d'histoires, et de passer la consigne à nos familles. Benjamin et moi lui expliquons que nous sommes au bout du rouleau et que nous n'allons plus tenir bien longtemps.

Benjamin déclare à Roche qu'il ne repartira pas sans son van aménagé. Il a englouti toutes ses économies dans la garantie de ce véhicule, et si quelqu'un ne le récupère pas en France, il perdra tout. Nous en avons beaucoup discuté, moi essayant de le persuader que l'important est de rentrer à la maison, plutôt qu'essayer de convaincre les Français d'inclure un van dans les négociations. Mais pas moyen. Je me rappelle Benjamin disant même un jour qu'il était prêt à rester en prison quelques mois de plus si cela lui permettait de ramener son van chez lui. Imaginez ma réaction. J'ai tenté de le convaincre que le gouvernement français l'aiderait dans cette situation exceptionnelle.

L'ambassadeur m'annonce qu'il y aura sans doute une visite consulaire irlandaise dans quelques jours. L'ambassadrice d'Irlande en Iran, Sonya McGuinness, basée à Ankara, va venir. Une cousine m'a envoyé un message pour me prévenir qu'elle va aller réclamer que l'Irlande n'envisage pas d'ouvrir une ambassade à Téhéran tant que je serai derrière les barreaux. Je savais que les Irlandais se serviraient de cela comme levier dans les négociations.

23

Le problème des marque-pages

27 avril. Cela fait un moment que je fabrique des marque-pages en cuir. Benjamin m'en a donné un à mon arrivée, brodé du mot « *Azadi* », qui signifie « Liberté » en farsi. Taj m'a aidé, arrangeant l'écriture pour rendre la broderie plus claire, et je me suis lancé dans une production intensive, pour le grand amusement des prisonniers travailleurs. Dans l'atelier de Benjamin, je découpais les pièces de cuir et je perçais les trous. Je réalisais ensuite la broderie dans la cellule.

Ce soir, un gardien et deux prisonniers travailleurs entrent dans la cellule. Ce gardien-là est l'affreux avec qui je me suis écharpé à propos de l'eau chaude. Un jour, il a insulté Taj devant tout le monde pendant l'appel. Apparemment, il passe ses journées à lire le Coran.

« Allez, me dit-il sèchement. Donne-moi les marque-pages.

— Pourquoi ? demandons-nous tous les deux.

— Ce n'est pas permis.

— Mais Benjamin en fait depuis toujours, bien avant mon arrivée ! »

Le silence se fait dans la cellule ; tous les autres nous regardent. Le gardien a l'air plus que sombre.

J'émets une suggestion : « On pourrait peut-être broder autre chose dessus. "Prison", par exemple, ou "Machhad". »

Ça ne l'amuse pas. Il demande Benjamin de le suivre avec un prisonnier travailleur. « Ne lui donne pas les marque-pages », me dit Benjamin. La tension est à son comble. Je suis sûr que, si nous étions iraniens, le gardien nous frapperait. Au bout de vingt minutes, Benjamin revient avec l'aide. « Il faut qu'on leur laisse le sac, lâche-t-il. Si on va trop loin, on aura encore plus d'ennuis, et ça n'en vaut pas la peine. »

24

Une visite de l'ambassadrice d'Irlande

1er mai. Ce matin, je suis convoqué tôt pour la visite de Sonya McGuinness. Un grand gardien sympa, que j'ai déjà vu une poignée de fois, m'escorte jusqu'à la salle de réunion. En nous voyant arriver, l'ambassadrice me saute au cou. C'est si merveilleux que les larmes me montent aux yeux. Le gardien dans son coin n'en revient pas. Pour lui, il est inconcevable qu'un homme et une femme qui ne sont pas de la même famille se comportent ainsi en public. En plus, la coiffure de Sonya pourrait faire tiquer même en Europe : elle est un peu punk. Et son foulard glisse en arrière, laissant voir l'essentiel de ses cheveux, ce qui est également prohibé en Iran.

Nous nous asseyons, et je lui dis que je n'en peux plus de me taire et que je ne supporte plus mon incarcération. Que je veux bien me tenir encore tranquille jusqu'au 15 mai, après quoi je commencerai à faire des vagues. Elle me répond qu'elle comprend totalement.

Je lui demande si elle pourrait me rendre un service pour un autre prisonnier. Lui serait-il possible de faire savoir à son ambassade à Ankara qu'il est ici, dans la prison de

Machhad ? J'ai écrit plusieurs informations sur mon bras ; je tourne le dos au gardien dans le coin et remonte ma manche pour que Sonya puisse les copier.

Une fois mon temps écoulé, l'ambassadrice et son assistant remettent aux responsables de la sécurité beaucoup de choses, y compris des livres, mais surtout une copie de la lettre écrite à mon père par le président irlandais, avec sa traduction en farsi. Comme toujours, la sécurité confisque tout. Espérons qu'elle ne mettra pas une semaine à tout inspecter.

À mon retour en cellule, Taj m'apprend qu'Achram a été emmené, sans doute pour un interrogatoire. Je suis inquiet.

3 mai. Aujourd'hui, Ahmeneh me lit au téléphone deux messages, en anglais, des élèves d'une école française où une de mes très anciennes amies, Cathy Harris, enseigne l'anglais. Le collège Paul-Émile-Victor se trouve à Branne, à environ trente-cinq kilomètres de Bordeaux. Les lettres ont été écrites par des enfants de dix ou onze ans.

Cher Bernard,

Votre histoire nous a beaucoup touchés.

Nous vous envoyons notre soutien et nous espérons que vous êtes encore en bonne santé. Vous avez l'air d'être fort, alors s'il vous plaît restez-le jusqu'à votre libération.

Nous espérons que vous serez bientôt libéré ; en attendant, que Dieu vous aide.

Viendrez-vous nous voir à Branne ?

Nous pensons à vous, nous sommes maintenant nombreux à être au courant de votre situation. Tout va s'arranger, Bernard, nous vous envoyons nos pensées positives.

6ᵉ A, collège Paul-Émile-Victor, 33420 Branne

Amandine, Chloé, Dounia, Léonie, Raluca, Camille, Mayline, Élise, Enzo, Noa, Ethan, Maélie, Rafaël, Evan, Naïa, Mathis, Emma, Sam, Clément, Sarah, Ludmilla, Odin, Eliot, Zoé, Yanis, Alyssia, Nina.

Et voici la seconde :

Cher Bernard,

Nous espérons que vous allez bien.

La vie en prison doit être difficile.

Vos codétenus sont-ils gentils avec vous ? Comment vous occupez-vous ?

Nous sommes tous au courant de votre situation et nous vous envoyons notre soutien moral, et aussi nous défendons votre liberté.

Nous aurions aimé vous envoyer des dessins mais on nous a dit qu'on ne pouvait pas !

Nous espérons que vous serez bientôt libéré et nous vous envoyons tout le courage dont vous avez besoin.

Classe de 6ᵉ E, collège Paul-Émile-Victor, 33420 Branne

Louna, Emy, Evissa, Ludivine, Théo, Julian, Mayana, Noa, Maeva, Sheymae, Alan, Margot, Lola, Tara, Gaspard, Jules, Warren, Teddy, Margaux, Noémie, Sharon, Gabriel, Alicia, Mathis, Waël.

Plus tard, j'apprendrai que mon père aussi m'a écrit de longues lettres pendant mon incarcération : je n'en ai jamais vu la couleur.

Environ deux jours après sa visite, je reçois enfin tout ce que Sonya McGuinness m'a apporté, y compris la lettre du président Higgins. Espérons que les autorités iraniennes se préoccupent de l'intérêt de plus en plus vif que suscite mon cas en Irlande. Je ne peux tout simplement pas envisager de passer encore un mois dans cette prison, et l'idée de six ans et demi d'emprisonnement est absolument inconcevable. Au bout de tout ce temps, mon père ne serait plus en vie à ma sortie, j'en suis certain. Il aura quatre-vingt-dix-huit ans en novembre prochain (2023). Ma séparation d'avec Roland est de plus en plus dure aussi. À chaque coup de téléphone, il semble proche, mais il est dans le monde libre, lui.

S'il n'y a pas de progrès notable d'ici au 15 mai, j'envisage une tentative de suicide. Le problème étant que les autorités ont récemment retiré tout objet tranchant de notre cellule. Je me demande si c'est une coïncidence, ou s'ils ont compris mon état psychologique. Il faut que je trouve une solution.

Mon idée est de me trancher les poignets sous la douche après le dernier appel du jour. En réalité, je ne peux pas vraiment me tuer, mais juste me faire assez de mal pour effrayer tout le monde, ici dans la prison ainsi que parmi les autorités irlandaises et françaises en Europe. Je sais que ce serait un risque énorme, mais j'en cours déjà un en refusant de prendre les médicaments pour ma tension et pour mon cœur.

5 mai. J'ai trouvé une solution, pendant la promenade. La jardinière a des carrelages cassés. Discrètement, je parviens à en ramasser un morceau pointu et à le rapporter en cellule. Le problème suivant est de le cacher. Il me vient alors une idée. Pendant les deux fouilles menées dans notre cellule, les gardiens n'ont jamais pris la peine d'inspecter la nourriture. Quelle meilleure cachette que dans le frigo, dans ma boîte de sauce tomate ?

TROISIÈME PARTIE

Liberté

25

Les derniers jours

La semaine qui a suivi ces sombres pensées m'a semblé durer une éternité. Le carrelage brisé est resté dans ma sauce tomate le temps que je réfléchisse encore un peu à mon sort. Puis, le jeudi 11 mai, tout a changé.

Il devait être aux environs de midi quand la porte de la cellule s'est ouverte. Hassan a demandé à Benjamin et moi de descendre à la sécurité. Comme d'habitude, on ne nous a pas dit pourquoi. Peut-être avaient-ils quelque chose à m'expliquer, avec Benjamin comme interprète ? ai-je songé.

Il n'y avait pas d'autres détenus dans les couloirs, mais ce qui m'a frappé comme étant très étrange, c'est que les trois téléphones « publics » au mur n'étaient plus là ! Était-ce parce qu'un de ces téléphones, récemment installés, marchait mal ? Pourquoi les retirer tous ? Et pourquoi n'y avait-il personne dans la cuisine ? Étant donné le roulement en place pour les cellules du bloc, il s'y trouvait toujours des prisonniers en train de se préparer à manger ou juste de bavarder. Et à cette heure-là, la cour était généralement ouverte.

Hassan nous a fait entrer dans le bureau de M. Djadahi, le chef de la sécurité. D'habitude, il y avait au moins un ou deux gardiens sur place, mais cette fois il était seul derrière son bureau. Il nous a priés de nous asseoir, puis nous a annoncé que nous serions libérés le jour même. Benjamin a posé une main sur mon genou pour me rassurer. Nous n'en croyions pas nos oreilles.

On nous a expliqué que nous allions devoir rédiger un document, en français ou en anglais, nous engageant à ne pas intenter de poursuites contre l'État iranien ni la prison pour mauvais traitements. Sans nous consulter, Benjamin et moi avons aussitôt refusé.

M. Djadahi nous a dit de retourner en cellule. Hassan, qui nous attendait dehors, avait l'air sombre. Il nous a raccompagnés en haut dans le silence complet. D'habitude, il bavardait avec Benjamin et faisait toujours une blague sur ma tentative de prononcer quelques mots en farsi, mais là, rien.

Dans la cellule, tout le monde a voulu savoir ce qui s'était passé. Les autres sentaient bien que quelque chose se tramait. De l'avis de Benjamin, notre libération était déjà entièrement orchestrée et les Iraniens ne pourraient plus faire marche arrière.

Une vingtaine de minutes plus tard, la porte s'est rouverte et Hassan, accompagné d'un aide, est entré nous dire de prendre nos affaires. De joyeux sourires ont fleuri sur tous les visages. Il devait être 13 h 30. J'avais rangé mes livres dans deux sacs : le premier pour ceux qui portaient des inscriptions personnelles et que je voulais garder, l'autre pour les ouvrages que je comptais laisser derrière moi. Il y a eu des embrassades et des poignées de main avec Taj, Karim,

Reswan, Essan et les trois Bahreïnis. Nous n'avons pas serré la main aux trois autres : le Chien, Gilet-Jaune et le nouveau « mouchard ». J'ai pu glisser à Taj ma carte de paiement. Je lui avais déjà donné le code auparavant. L'argent qu'il restait dessus paierait les coups de téléphone de Reswan à sa famille au Pakistan, et le solde servirait à régler le travail de maroquinerie réalisé par l'autre Pakistanais, Achram, s'il revenait un jour de son interrogatoire.

Benjamin était prêt avec ses cartons d'outils de maroquinerie, en plus de son sac de livres. Je ne pouvais rien emporter qui porte mon écriture. J'avais détruit mes notes au fil du temps : il ne restait que mon journal du dernier mois, que j'ai déchiré et jeté aux toilettes. Puis, tous les quatre, nous sommes descendus vers le couloir du bureau des gardiens.

Il n'y avait toujours personne : j'en ai conclu qu'il se passait quelque chose d'important aujourd'hui. Je crois que la grille de la cour était fermée pour que les prisonniers ne puissent pas nous parler.

Toutes nos affaires ont été minutieusement fouillées. Les documents écrits ont été retirés, ainsi que les cartes téléphoniques de la prison. Vous auriez vu leurs têtes quand les gardiens ont ouvert les cartons de Benjamin ! Des bocaux en plastique remplis de rivets et de fermetures Éclair ! Il les rapportait en France. Quelqu'un est sorti du bureau avec un sac en plastique blanc pour moi. Il était plein de choses qui n'avaient pas franchi le barrage de la sécurité : les deux bouillottes qu'Ahmeneh m'avait fait parvenir depuis l'ambassade de France à Téhéran, ainsi que des écharpes, des bonnets et des chaussettes, mais aucun livre et aucune trace du CD des Chieftains ni du DVD de *Mon oncle* de Tati, que Roland m'avait pourtant envoyés. Je devais découvrir bien plus tard que la librairie Kenny's de Galway m'avait aussi expédié des ouvrages, que pour la plupart je n'avais jamais reçus.

Benjamin est allé se laver les mains à la cuisine et a lancé aux hommes dans la cour que nous espérions rentrer chez nous. La nouvelle voyagerait vite dans le réseau de la prison. Nous avons serré la main d'un garde qui s'était toujours montré correct et nous sommes sortis du 6-1, le bloc des satans. Nous avons avancé dans le long couloir jusqu'au principal contrôle de sécurité. Le pauvre Benjamin, en grève de la faim depuis presque cent jours, avait du mal à marcher, et nous avons dû faire quelques pauses en chemin. Au vestiaire nous attendaient trois ou quatre hommes en civil que je n'avais jamais vus, ainsi que les gardiens habituels ; j'ai supposé qu'ils étaient envoyés par la sécurité. Nos sacs ont été examinés mais, en voyant les affaires de Benjamin, ils ont renoncé. J'ai tendu le reçu qu'on m'avait donné à mon arrivée, quand on m'avait pris mes chaussures et ma ceinture. Une besace en toile avec une étiquette métallique a été apportée, mais elle ne contenait pas mes effets personnels. Un gardien s'est mis en devoir de les chercher. Comme les hommes en civil s'impatientaient, j'ai laissé tomber et je suis parti en claquettes. Au contrôle suivant, on nous a pris en photo à côté d'une pendule, après quoi nous avons emprunté le couloir qui menait à la sortie. Mais avant d'atteindre le grand portail, nous avons été envoyés vers deux voitures banalisées dans la cour.

La Peugeot et la Kia avaient l'air toutes neuves. Benjamin et moi sommes montés dans la Kia après avoir déposé nos sacs dans le coffre. L'autre voiture contenait, je crois, quatre hommes, dont un filmait. Il portait une casquette de base-ball, des lunettes noires et un masque anti-Covid.

Personne ne nous a dit où nous allions. À l'aéroport ou dans un hôtel ? Ce que nous ignorions, c'était que l'ambassadeur de France, Nicolas Roche, et ses collègues attendaient devant l'entrée principale depuis 7 h 30 du matin, avec deux ambulances privées. Sauf que, au lieu de sortir par la grande porte, nous avions pris une route intérieure passant derrière la prison pour quitter les lieux par l'autre côté. Je pense que c'est par cette même route que j'étais arrivé le premier jour. Nous avons emprunté le boulevard périphérique de Machhad, que je connaissais bien depuis nos « sorties » au tribunal révolutionnaire, à la clinique et à l'hôpital. L'autre voiture roulait à côté de nous et l'homme filmait toujours. Benjamin, assis à ma droite, a gardé le poing serré et levé de telle manière que la caméra ne pouvait l'éviter. Au bout de vingt minutes, nous avons quitté la voie rapide, tourné dans une rue résidentielle, et nous nous sommes arrêtés devant un bâtiment anonyme. J'ai commencé à croire que nous allions être réarrêtés ou qu'on nous avait emmenés dans un autre centre d'interrogatoire. J'étais stressé à mort et je transpirais de peur.

L'un des hommes a sonné à l'Interphone et on nous a ouvert la porte. Nous sommes tous descendus de la Kia et nous sommes entrés, toujours sous l'objectif de la caméra.

On nous a introduits dans une salle avec des sièges et des tables basses le long des murs. Il y avait des tasses à thé sur les tables et, je crois, des biscuits enveloppés dans du papier alu, comme dans la salle des visites consulaires à la prison.

Les deux hommes en costume qui étaient sur place se sont présentés en disant qu'ils étaient du ministère iranien des Affaires étrangères. L'un d'eux nous a dit que les diplomates français allaient arriver et nous a proposé du thé. Nous avons refusé tous les deux. Après ce que nous venions de vivre, je ne supportais pas l'idée d'accepter leur hospitalité.

Benjamin et moi nous sommes assis face à eux pendant que l'homme à la caméra s'installait dans un coin, sans cesser de filmer. Benjamin levait toujours le poing pour l'objectif. Les hommes du ministère ont échangé quelques mots en nous désignant du menton. J'ai demandé à Benjamin ce qu'ils avaient dit. Il m'a répondu qu'ils allaient le réarrêter ! Je ne crois pas qu'ils plaisantaient.

Nicolas Roche, Christian Furceri et un autre Français sont arrivés. On nous a demandé de signer un document en farsi. Nous étions réticents, mais Nicolas nous a glissé à l'oreille que celui-ci était sans valeur car imposé sous la contrainte, et qu'il n'était même pas rédigé sur papier à en-tête. Nous avons donc signé, et l'ambassadeur a apposé son paraphe sur d'autres documents. Le troisième diplomate français savait apparemment lire le farsi. Le consul a été envoyé chercher les deux ambulances privées qui, nous a dit Nicolas, allaient nous emmener à l'hôpital pour un check-up complet. Puis nous serions dans l'avion dès le lendemain, le 12 mai. J'étais impatient, mais en même temps terrifié. Je voulais que ce cauchemar s'arrête, cependant je redoutais terriblement qu'il arrive quelque chose à la dernière minute. Je n'avais pas oublié le désespoir de Benjamin lors de sa fausse libération un peu plus tôt dans l'année.

Les ambulances sont arrivées au bout de quelques minutes. Accompagnés d'un infirmier dans chaque véhicule, nous avons été emmenés à l'hôpital. On nous a fait asseoir dans des fauteuils roulants, amenés au dernier étage et installés dans deux chambres de luxe. Le directeur de l'hôpital, un spécialiste en cardiologie, nous a expliqué qu'on allait nous faire passer une série d'examens, dont des radios.

J'ai découvert que la salle de bains attenante disposait de toilettes à l'européenne, avec du papier. Le paradis ! Je suis resté une bonne vingtaine de minutes sur le siège et j'ai utilisé des mètres de PQ. Pendant sept mois, je n'avais eu que des W-C à la turque et un tuyau d'eau pour me laver.

Un appareil de radiographie et tout l'équipement pour un électrocardiogramme ont été transportés dans ma chambre, suivis par un infirmier chargé de me faire une prise de sang. Pendant que le médecin était avec Benjamin, Nicolas Roche est entré. Il m'a expliqué que l'avion qui allait nous ramener passait la nuit à Tbilissi, la capitale de la Géorgie, et que nous devrions décoller de Machhad vers midi, si tout se passait bien. Je lui ai demandé si Benjamin lui avait relaté la remarque faite par les hommes du ministère, parlant de le réarrêter. Il n'en avait rien dit. Nicolas en a été visiblement choqué.

L'épouse du médecin est ensuite entrée pour bavarder. Une dame charmante, en robe flottante verte, qui s'est avérée être pianiste de profession. C'était fantastique de discuter en face-à-face avec une femme après avoir été si longtemps cantonné à la compagnie des hommes. Jusqu'à présent, je n'avais parlé à des femmes qu'au téléphone, hormis les rendez-vous en prison avec mon avocate, Mme Halami, et avec l'ambassadrice d'Irlande, Sonya McGuinness. L'épouse du docteur m'a expliqué que c'était compliqué pour elle et sa fille d'accompagner son mari à des congrès médicaux à l'étranger, car les autorités iraniennes craignaient évidemment qu'elles ne reviennent pas. Elle m'a montré sur son téléphone une vidéo de son compte Instagram où on la voyait chanter chez elle, accompagnée au piano par sa fille. Elle m'a dit que la police l'avait convoquée pour une explication et lui avait ordonné de retirer la vidéo. Les femmes en Iran n'ont pas le droit de chanter.

Puis c'est Laurent qui est venu, le troisième envoyé de l'ambassade de France. Il était en fait de la DGSE. Il avait un dossier sous le bras, avec une liste de questions pour moi. Ces questions concernaient principalement les événements qui avaient abouti à mon arrestation, le confinement solitaire et les séances d'interrogatoire. Laurent m'a demandé de décrire les personnes concernées. Sur son téléphone, il avait une version de Google Maps avec de meilleures vues aériennes du complexe carcéral que celles que j'avais vues jusque-là. Il m'a ensuite montré une photo du mausolée, et j'ai pu identifier la place piétonne où Mike et moi avions été arrêtés, ainsi que la rue où se trouvait la salle de prière utilisée pour l'interrogatoire. J'ai pu donner à Laurent une estimation du temps de trajet entre la salle de prière et le premier centre d'interrogatoire, et du temps de trajet entre le premier centre et le second.

Laurent s'est ensuite concentré sur notre bloc dans la prison. Ce n'était pas bien difficile, car le bloc 6-1 était tout proche de la piscine du personnel. J'ai pu désigner précisément le centre médical et la cellule provisoire où nous attendions d'être emmenés en minibus au tribunal ou ailleurs.

Nicolas Roche est revenu expliquer que le médecin directeur allait dormir dans la chambre qui jouxtait les nôtres, juste au cas où. Le reste de l'équipe logeait dans un hôtel tout proche et nous verrait le lendemain matin.

Benjamin était épuisé mais assis bien droit dans son lit, un grand sourire aux lèvres. Sa grève de la faim était terminée. Le dîner a été servi, avec un couteau et une fourchette – une première pour moi depuis sept mois. En prison, nous n'avions qu'une cuiller pour manger.

Il y avait la télé dans ma chambre, mais je ne l'ai pas allumée à cause du mauvais souvenir de l'entendre brailler dans la cellule douze heures par jour. Il y avait une magnifique boîte de sachets de thé et de café instantané « trois en un » (café, lait et sucre). La sélection comprenait un thé au cumin vraiment excellent.

La porte de nos chambres avait une lucarne en verre dépoli jaune et je regardais sans cesse pour voir si quelqu'un passait. Plus tard, je me suis levé pour marcher dans le couloir. Benjamin dormait à poings fermés. Un paravent avait été placé au milieu du couloir afin que personne ne puisse apercevoir notre zone ni nos chambres. Le médecin, en chemise chiffonnée, est venu voir si j'allais bien. Je ne sais pas si c'était la peur que les Iraniens reviennent prendre Benjamin ou nous deux, ou si c'était l'excitation de la liberté imminente, mais je n'ai pas fermé l'œil.

26

Départ d'Iran

Vendredi 12 mai. Assis dans ma chambre, j'ai bu encore du thé et attendu l'arrivée des diplomates français. Après le petit déjeuner, Nicolas Roche est arrivé et nous a confirmé que l'avion atterrirait à Machhad vers midi. Nous sommes descendus rencontrer Mme Halami et le reste de l'équipe française. Il y a eu beaucoup d'embrassades et elle a appelé son collègue à Téhéran qui s'était occupé de nos dossiers pour que nous puissions lui parler. Puis Nicolas Roche a annoncé qu'il avait une surprise pour nous. C'était une communication vidéo avec Ahmeneh, mon ange gardien à l'ambassade de France depuis deux cent vingt-deux jours. On était vendredi, le début du week-end iranien, mais elle était bien là, à l'écran : le visage derrière des milliers de mots dictés et lus. C'était extraordinaire de la voir enfin. Des larmes d'émotion ont roulé sur mes joues.

Nicolas nous a remis à chacun un laissez-passer qui nous permettrait d'entrer en France. J'allais découvrir que la photo sur le mien provenait du site web que Caroline avait monté. Le document était daté du 20 avril 2023 : on nous expliquerait plus tard que c'était la date de la première tentative pour nous libérer. Je me rappelais les curieuses questions d'Ahmeneh à propos de ma taille et de la couleur des yeux de Benjamin, qui dataient de cette époque : je comprenais enfin pourquoi elle me les avait posées.

Christian Furceri, le consul, s'intéressait avant tout au type d'avion que nous allions prendre. Nicolas l'a envoyé vérifier où en étaient les ambulances qui devaient nous emmener à l'aéroport. L'ambassadeur était presque en permanence sur ses deux téléphones et nous tenait au courant de l'avancée de l'appareil, qui arrivait de Géorgie. Puis soudain, il a poussé un juron. L'ambassadeur d'Iran à Dublin, le Dr Eslami, avait posté un tweet annonçant notre libération. Toute la presse allait être au courant d'une info sur laquelle les Français tenaient à rester discrets pour l'instant.

On nous a conduits en fauteuil jusqu'aux deux ambulances, et nous voilà partis pour l'aéroport. Pendant le trajet, mon infirmier iranien a partagé des biscuits avec moi. Il m'a parlé de sa vie passée à emmener des patients de la ville de Machhad vers diverses régions d'Iran. Il parlait bien anglais. La religion a été évoquée quand il m'a demandé comment j'avais réussi à tenir en prison. Il ne pouvait pas concevoir que je sois athée. J'ai essayé de lui expliquer que, s'il y avait eu un Dieu, je n'aurais jamais été emprisonné.

En arrivant à l'aéroport international de Machhad, nous n'avons pas pu pénétrer dans le terminal. Nicolas Roche est allé voir quel était le problème, et est revenu en nous disant que les autorités ne nous laisseraient entrer que dans une demi-heure, si bien que nous avons attendu dans nos ambulances où il faisait une chaleur de four. Le soleil tapait intensément. Heureusement, les diplomates nous ont apporté de l'eau. Nicolas a indiqué qu'il ne savait pas bien s'il y aurait des caméras, et que nous devrions apparaître aussi faibles que possible quand nous descendrions des véhicules dans nos fauteuils roulants. Ça ne passerait pas si les autorités nous voyaient gambader en pleine forme vers l'avion.

On nous a poussés jusque dans le salon VIP de l'aéroport. C'était le luxe absolu ; les salons européens du même genre ne soutiennent pas la comparaison. Il y avait des fleurs, de grands canapés, d'épais tapis persans, des gâteaux, des boissons, et même un frigo de caviar iranien. Quelques passagers bien vêtus attendaient là. Je ne sais pas ce qu'ils ont pensé de notre petite troupe.

L'envoyé du ministère iranien des Affaires étrangères était là aussi. Il nous a demandé si l'ambassadeur allait nous acheter du caviar ! Il a pris nos laissez-passer pour les faire tamponner. Nous étions désormais libres de quitter l'Iran.

Nous avons décliné le caviar et attendu dans nos fauteuils roulants. Nicolas nous a dit que l'appareil, un Falcon 900, s'était posé et serait bientôt prêt à repartir. J'étais triste de ne pas avoir rencontré en personne les gens de l'ambassade de France à Téhéran qui s'étaient occupés de nous à distance, qui avaient partagé nos inquiétudes et nos craintes, et qui avaient joué les intermédiaires entre la maison et la prison.

Puis nous avons vu une femme et un homme avancer vers nous dans le couloir d'embarquement, en provenance de l'avion. La femme travaillait pour le Quai d'Orsay et l'homme était un médecin français, David Tran-Van. Ils allaient nous ramener chez nous. Nous avons fait nos adieux à Nicolas et au reste de l'équipe de l'ambassade, et nos fauteuils ont été orientés vers le contrôle de sécurité. Le jet était juste à côté de la porte donnant sur le tarmac. Nous sommes montés à bord sur nos deux jambes, accueillis par trois pilotes et un infirmier, Alexandre Aranud. Ils nous ont immédiatement installés dans deux lits. L'appareil a commencé à rouler aussitôt la porte refermée.

L'un des pilotes est venu dans la cabine. « Combien de temps pour sortir de l'espace aérien iranien ? » lui ai-je demandé. J'avais encore très peur qu'à la dernière minute une faction iranienne ou une autre, obsédées comme elles l'étaient par leurs luttes de pouvoir internes, essaie de nous arrêter et bloque l'avion sur le tarmac. Je me souvenais parfaitement de l'affaire du vol Ryanair entre Athènes et Vilnius qui, en mai 2021, avait été forcé à se poser à Minsk, la capitale du Bélarus. Ils avaient même envoyé un MiG escorter le Boeing 737 irlandais. Un journaliste opposé au régime bélarussien, Roman Protasevich, avait été extrait de l'avion avec sa compagne, Sofia Sapega. Il a été condamné à huit ans de prison.

« Tout va bien. Nous mettons le cap au nord, vers la frontière avec le Turkménistan. Il y en a pour vingt-huit minutes environ », m'a-t-il rassuré.

Le jet a décollé. Couché sur le lit, j'ai regardé défiler le paysage desséché en contrebas. Je me suis mis à pleurer en songeant à tous ceux que je laissais derrière moi : Taj en prison, Mike et sa famille, ainsi que de nombreux amis que je ne reverrais probablement jamais. Mike était-il encore derrière les barreaux ? Je n'en avais aucune idée[1]. Un moment

1. J'apprendrais par la suite que Mike avait été libéré après deux ou trois jours d'interrogatoire en octobre 2022.

très difficile. J'essayais de penser à chez moi, mais impossible. J'ai pleuré en silence.

Le médecin et l'infirmier nous ont soumis à une batterie d'examens. Ils étaient très fiers de leur équipement, qui permettait de mesurer en même temps la tension et le rythme cardiaque. Et cerise sur le gâteau, on nous a donné du vrai café. L'extase.

Soudain, le pilote est revenu nous dire que nous étions sortis de l'espace aérien iranien. Il y a eu des cris de joie, des rires et des larmes. Bientôt, nous avons pu quitter nos lits et nous asseoir dans les fauteuils en cuir. Je suis allé aux toilettes, où les robinets semblaient être en or, sauf que bizarrement ils ne fonctionnaient pas ! Le pilote m'a expliqué que la soute avait été convertie en réservoir de carburant. Ainsi équipé, l'avion pouvait voler sur des distances incroyables.

En parlant avec la dame du Quai d'Orsay, je lui ai révélé que j'avais prévu de me suicider le 15 mai en me tranchant les veines à l'aide d'un carrelage cassé, et que j'avais cessé de prendre le traitement pour ma pression sanguine dès le début de mon incarcération. Elle a eu l'air choquée mais m'a dit qu'elle comprenait.

Après avoir volé un moment vers le nord, nous avons viré à l'ouest et traversé la mer Caspienne, dans laquelle je m'étais baigné presque huit mois auparavant ; nous avons survolé l'Azerbaïdjan, et contourné l'Arménie et ses troubles pour atteindre le nord de la Turquie. Puis nous avons mis le cap au nord-ouest, vers Paris. J'ai persuadé Benjamin de demander au commandant s'il pouvait s'asseoir dans le cockpit, puisque c'était une occasion unique. Il l'a fait, et il y est resté jusque peu de temps avant l'atterrissage. Pour ma part, je me suis détendu dans la cabine, en reprenant de cet excellent café.

Pendant tout le vol, comme je l'ai appris plus tard, la dame du Quai d'Orsay est restée en contact permanent avec Paris. Environ une heure avant l'atterrissage, elle est venue nous dire qu'un contingent de journalistes considérable nous attendait au Bourget, mais nous a assuré que les autorités les garderaient à distance.

Benjamin a demandé au médecin dans combien de temps il pourrait manger une tartiflette. La réponse a été : « Une quinzaine de jours. » Un sourire immense a illuminé ses traits.

Pour l'approche finale, j'ai pris la place de Benjamin dans le cockpit et bavardé avec les pilotes. Le Bourget, situé à quelques kilomètres au sud de l'aéroport Charles-de-Gaulle, a été le premier aérodrome parisien, ouvert en 1914. Il sert maintenant pour les vols privés, et pour les visites d'hommes et de femmes d'État.

Pendant que nous roulions vers le terminal, le pilote a expliqué que, au lieu de s'arrêter devant le bâtiment, on lui avait demandé de faire entrer le nez de l'avion dans un hangar. Arrivés plus près, nous avons vu des policiers armés sur le toit du bâtiment et déployés autour de l'entrée. J'ai demandé au pilote si un chef d'État important arrivait au même moment. Il m'a répondu que non : tout cela était pour nous. Ça m'a stupéfié. Une fois le nez de l'appareil entré et les moteurs coupés, on nous a remorqués plus loin dans le hangar. Le pilote n'en croyait pas ses yeux. Ils ont fait entrer l'avion entier dans le hangar d'un blanc immaculé et ont refermé les portes derrière nous.

Nous nous sommes mis debout et le pilote a rejoint la porte ouverte derrière moi. Il a baissé le marchepied et m'a dit, avec un sourire : « Il y a un message pour toi. » En bas des marches était posé un paillasson avec le mot « *Welcome* » écrit en anglais.

J'ai commencé à descendre les marches, et à ce moment-là j'ai entendu Roland crier : « Mon Bernard ! » Il était là, avançant vers moi à grands pas, les bras tendus, Caroline à côté de lui. Je voyais une grande foule derrière eux et un photographe. Il y a eu des embrassades et des baisers ; j'ai serré Roland dans mes bras, puis Caroline, qui avait un grand sourire. Elle m'a tendu son téléphone pour que je puisse faire une visio avec mon père à Dublin, où son aide à domicile, Mihaela, avait connecté son smartphone.

Je me suis retourné pour voir où était Benjamin. Il marchait lentement derrière moi. Je l'ai rejoint et entouré de mon bras pendant qu'il avançait vers sa famille. J'ai pu rencontrer ses parents et sa sœur Blandine, qui se battait pour sa libération depuis plus de trois ans.

Alors que nous traversions le hangar, des gens se sont dirigés vers nous. Le premier groupe était composé d'envoyés officiels du Quai d'Orsay. Stéphane Romatet, le directeur de la cellule de crise, était là avec ses deux collaboratrices qui avaient travaillé le plus avec Roland et Caroline au quotidien : Mme Françoise Puig-Inza et Mme Claudine Remm. Encore beaucoup d'embrassades et de sourires. Ensuite, les diplomates irlandais : Maurice Cotter, de l'ambassade d'Irlande en France, et Dónal Cronin, du ministère des Affaires étrangères à Dublin. Ils avaient un message de Micheál Martin pour moi.

Un autre monsieur français s'est présenté : M. Emmanuel Puisais-Jauvin, chef de cabinet de la ministre des Affaires étrangères, Catherine Colonna. Roland avait déjà été en contact avec lui pour essayer de parler directement à la ministre, en vain.

On nous a fait sortir du hangar et monter dans deux ambulances. Des motards de la police attendaient aussi. Après avoir dit au revoir à tout le monde, je suis parti dans mon ambulance pour l'hôpital militaire Bégin, en proche banlieue est de Paris, avec l'infirmier de l'avion et Roland. Notre convoi était précédé et suivi par des fourgons de police et des motards, toutes sirènes hurlantes dans les bouchons du vendredi soir. Benjamin et sa sœur, ainsi que le médecin, étaient dans l'autre ambulance.

Nous avons mis très peu de temps à arriver à l'hôpital. Une équipe médicale nous attendait. L'équipe de l'avion leur a remis nos résultats d'examens et nous a dit au revoir. Cela a été un moment touchant de quitter ces deux hommes qui avaient joué un rôle si important dans notre sortie d'Iran. Roland aussi est parti, en promettant de revenir le lendemain.

Benjamin et moi avons été poussés dans des ascenseurs et des couloirs jusqu'à deux chambres, aussi éloignées que possible de l'entrée. J'ai cru comprendre que la presse, qui n'avait pas pu nous voir à l'aéroport, s'était pointée à l'hôpital Bégin, mais qu'on leur avait dit que nous étions à l'autre célèbre hôpital militaire de Paris, le Val-de-Grâce, si bien qu'ils étaient tous partis là-bas. Mais le Val-de-Grâce était fermé depuis 2016 !

Dans la chambre, j'ai trouvé un grand sac de voyage avec des vêtements envoyés par le Quai d'Orsay : des pantalons de survêtement, des sous-vêtements, des sweat-shirts. Benjamin et moi les avons répartis entre nous pendant que le personnel médical entrait et sortait sans cesse de nos vastes chambres. Notre premier repas français nous a été servi, mais sans vin. J'ai pu prendre une longue douche et grimper dans mon lit confortable sans avoir à m'inquiéter, pour la première fois depuis de longs mois, de ce qui m'arriverait le lendemain.

Je savais, cependant, qu'il allait me falloir quelque chose pour dormir. J'avais pris des somnifères tous les soirs en prison, et ce ne serait pas facile de m'en passer maintenant. J'ai précisé au médecin qu'il me fallait quelque chose de fort. Comme d'habitude, on ne m'a pas cru, et évidemment, j'ai bientôt dû appeler l'infirmier pour qu'on me donne un supplément. Avec les stores baissés, dans le noir complet et un silence presque total pour la première fois depuis des mois, vers 3 heures du matin j'ai enfin réussi à m'endormir.

27

Le début de mon rétablissement

L'hôpital militaire Bégin se trouve à Saint-Mandé, juste à l'est de Paris. Il a été fondé en 1858 pour les blessés de la guerre de Crimée (par une drôle de coïncidence, des soldats ukrainiens y étaient aussi pour des soins).

Le lendemain matin, bien que ce soit un samedi, une batterie d'examens ont été entrepris sur Benjamin et moi. Ils ont même fait venir leur ophtalmo parce que la détérioration de ma vue m'inquiétait beaucoup. Il s'est avéré que j'avais un glaucome et que je devais commencer le traitement sur-le-champ.

À mon retour dans ma chambre avec vue sur les jardins, une femme officier de l'armée m'attendait. Elle m'a expliqué que Caroline et Roland pouvaient venir me voir quand ils le voulaient. En ce qui concernait les autres amis, je devrais décliner leur identité pour que les autorités soient en mesure de procéder aux vérifications d'usage. Il faudrait mon feu vert pour qu'ils soient autorisés à venir en visite. Elle m'a averti que des journalistes appelaient en se faisant passer pour des membres de la famille et cherchaient des informations sur notre santé, et que je devais donc rester prudent si je croisais des inconnus. Elle m'a donné un badge me permettant de me déplacer librement dans l'hôpital.

Je suis allé voir Benjamin dans la chambre à côté ; il dormait encore.

Roland est arrivé avec un grand sourire et des croissants. Nous sommes descendus boire un café, puis nous sommes sortis nous asseoir au soleil. J'ai retiré mes claquettes de prison et marché pieds nus dans l'herbe. Une sensation merveilleuse. Et nous nous sommes retrouvés rien que nous deux, assis sur un banc sous un arbre. Quand nous sommes remontés dans ma chambre, un infirmier nous attendait avec le menu des repas pour les deux jours à venir : nous étions bien en France ! Quel changement. Roland m'avait apporté des vêtements de la maison ainsi que de l'argent. Je lui ai demandé de m'acheter un téléphone portable à bas prix pour que je puisse parler à mon père, à ma famille et à mes amis.

Pendant qu'il était parti l'acheter, j'ai reçu la visite de la Dr Guillaume, la chef psychiatre de l'hôpital. Elle allait s'occuper de Benjamin et moi, même après notre sortie. Elle m'a demandé de tout lui raconter depuis le début. La première séance a duré environ une heure. C'était bon de pouvoir parler de ce que j'avais traversé, un vrai soulagement que quelqu'un puisse comprendre les émotions et pensées qui me passaient dans la tête. Je ne voulais pas accabler Roland ni Caroline car l'épreuve avait été terrible pour eux aussi. Je n'avais pas été le seul pris en otage : Caroline, Roland et mon père aussi l'avaient été pendant deux cent vingt-deux jours.

La Dr Guillaume m'a assuré que je pouvais prendre tout le temps voulu. Je pouvais rester à l'hôpital aussi longtemps que je le souhaitais, et si les choses devenaient difficiles quand je reprendrais la vie normale, l'hôpital serait là pour moi. En repartant, elle a croisé Roland qui attendait dans le couloir. Elle est partie avec lui. J'ai appris que Caroline et lui avaient été aidés par un organisme appelé Hostage International, basé au Royaume-Uni, sur recommandation du ministère irlandais des Affaires étrangères. Cet organisme a des correspondants dans le monde entier. Hostage International avait aidé Caroline et Roland à trouver les psychiatres adéquats et leur avait donné des conseils, notamment des informations pour gérer mon retour. Roland m'a apporté un de leurs dépliants, rédigé pour aider les otages libérés. Ils m'ont assigné un Français, Adrien, pour me conseiller pendant mon retour dans mon ancien monde. J'ai pu l'appeler pour discuter, par exemple, de l'aspect administratif des choses. Avant de parler aux médias, je me suis aussi entretenu avec Georgina, une experte d'Hostage International. Elle m'a indiqué comment affronter les questions indiscrètes et expliqué que je n'avais pas à accepter toutes les demandes d'interviews.

Ensuite, retour dans les entrailles de l'hôpital pour des radios de mon dos. Le personnel était très compréhensif et a pris son temps avec moi. Malheureusement, j'avais bien des problèmes dans le bas de la colonne vertébrale.

Un bon déjeuner français a été suivi d'une sieste. J'ai pu appeler mon père, et lui dire que Roland et moi allions prendre l'avion pour Dublin afin de lui rendre visite dès que possible. Après le déjeuner, Caroline est venue me voir. Des retrouvailles émouvantes, car elle était montée au front dès le début. Elle avait donné des dizaines d'interviews dans les médias irlandais, français, britanniques et américains. Plus tard, je verrais des tonnes d'articles et d'entretiens télé et radio, mais à ce jour j'ai encore beaucoup de mal à les lire ou à les regarder. J'ai découvert que c'était ma cousine Mary qui, depuis la Nouvelle-Zélande, s'était arrangée pour que des livres me soient envoyés par la librairie Kenny's de Galway. J'étais émerveillé par tout ce que tant de gens avaient fait pour moi. J'ai aussi parlé à Alisdair, le fils de ma cousine Patricia, producteur de documentaires télé en Écosse. Il s'était rendu à Dublin pour tourner un court film dans lequel mon père et Caroline parlaient de moi. En le voyant pour la première fois, j'ai pleuré. Alisdair m'a raconté d'autres actions médiatiques dans lesquelles il s'était impliqué.

Le lendemain, un dimanche, je me suis réveillé vers 6 heures. L'heure du petit déjeuner étant encore loin, je me suis habillé et je suis sorti. J'ai décidé d'aller dans un café situé juste en face de l'hôpital. Le temps d'y arriver, j'étais épuisé. Je n'en revenais pas d'être si faible. J'imagine que cela n'avait rien d'étonnant, puisque pendant plus de sept mois je n'avais pratiquement pas bougé. Il faudrait du temps pour que les muscles de mes jambes retrouvent leur niveau d'avant la prison. Et dire qu'avant je faisais des courses de dix ou vingt kilomètres dans les Pyrénées ! Les montagnes autour de Banyuls me manquaient énormément.

Roland m'avait dit de ne pas prendre le déjeuner à l'hôpital car il avait une surprise. Il s'était rendu à notre marché, où beaucoup de commerçants étaient au courant de notre situation, et il est arrivé avec tout un choix de jambons, pâtés et autres charcuteries succulentes. C'était l'aliment qui m'avait le plus manqué pendant mon incarcération. J'aurais bien aimé un verre de vin avec, mais cela allait devoir attendre.

28

Première nuit à la maison

Quelques jours plus tard, Roland a suggéré que nous allions déjeuner au restaurant en face de l'hôpital. Je lui ai demandé d'apporter une casquette et des lunettes noires car je ne voulais pas être reconnu. On m'a donné la permission de m'y rendre, mais en me recommandant de rester prudent. Le restau m'a semblé noir de monde et très agité. Même attendre que le signal piétons passe au vert pour traverser m'a fait peur. Je me suis écarté des gens qui attendaient autour de moi. J'ai commandé le plat du jour – du porc sauce moutarde –, que j'ai mangé avec appétit. Ma casquette et mes lunettes m'ont valu quelques regards intrigués, mais c'est tout.

Pendant les journées qui ont suivi, j'ai poursuivi mon voyage de retour vers la société. On m'a emmené à la salle de gymnastique de l'hôpital, où un kiné m'a mis sur un vélo et m'a fait marcher sur un tapis de course. C'était très fatigant : je ne pouvais guère pédaler ou marcher que pendant un quart d'heure. Au bout de trois jours, on m'a permis de passer une nuit avec Roland chez nous. J'étais fou de joie ! J'allais revoir mon appartement pour la première fois depuis huit mois. Roland a sorti une bouteille de champagne qui attendait dans le frigo depuis octobre 2023, un jour où une bonne amie à nous, Sylvie, de Perpignan, l'avait apportée en pensant remonter le moral de Roland. Il lui avait dit qu'il l'ouvrirait à ma libération. Quand nous avons fait sauter le bouchon en ce soir de mai, la moitié du contenu de la bouteille a jailli : une vraie célébration !

Roland avait préparé un délicieux repas, et il y avait du vin rouge, enfin ! Nous avons aussi mangé du fromage, puis des gâteaux de la pâtisserie du quartier. Nous nous sommes couchés tôt. Comme c'était bon d'être auprès de Roland après une si longue et si éprouvante expérience ! J'ai bien dormi et je n'ai pas rêvé. D'ailleurs, je n'ai jamais fait de mauvais rêves à propos de la prison elle-même, mais je souffre maintenant de violents cauchemars qui me réveillent en pleine nuit.

Le lendemain matin, Roland voulait me raccompagner à l'hôpital. J'ai décliné car c'était direct en métro depuis chez nous. « Je vais me débrouiller », lui ai-je assuré. Il est donc retourné au travail, pour la première fois depuis mon incarcération. L'hôpital de jour où il travaillait comme psychologue pour les adolescents lui avait immédiatement dit de s'arrêter et l'avait mis en congé payé, prolongé ensuite par un congé maladie. À présent, il pouvait enfin revenir à la normale.

Le métro supposé me ramener à l'hôpital est tombé en panne, si bien que tout le monde a dû descendre et se trouver un autre moyen de transport. Je suis monté dans un autobus bondé, sans aucune place assise. Ce bus a dû lui-même faire un détour en raison de travaux. J'ai commencé à paniquer.

Je suis descendu et j'ai appelé des amis pour qu'ils m'aident à retrouver mon chemin. Comme je n'avais toujours pas de smartphone – un ami, Nicolas, était en train de s'en occuper –, je n'avais pas de plan en ligne. Je n'étais en fait pas bien loin de l'hôpital militaire, mais j'étais perdu. Le téléphone de Roland était éteint, et celui de Caroline aussi. Au bout de quelques minutes, j'ai réussi à joindre Agnès, qui m'a guidé à distance. Je suis arrivé à l'hôpital dans tous mes états. Quand serais-je à nouveau capable de me débrouiller seul ? Je me le demandais bien.

Malgré tout, les médecins m'ont autorisé à aller passer une semaine à Banyuls avec Roland. Ma chambre a été fermée à clé pendant mon absence, un service exceptionnel pour un hôpital. Partir voir la nature m'a vraiment fait un bien fou. J'avais été si longtemps cerné par des murs ! Entendre le chant des oiseaux, et rester simplement dehors sans rien dire avec Roland et un verre de vin, c'était le paradis. Je voyais le lever de soleil sur la Méditerranée depuis notre lit. J'étais presque en paix avec moi-même dans notre maison de Banyuls. J'ai pu constater tout le travail réalisé par les amis toulousains de Roland. La peinture de mon bureau, et aussi du salon. Sur tout le terrain, les broussailles et les arbres morts avaient été débités pour faire du bois de chauffage. J'ai pu voir des amis et passer de belles soirées cette semaine-là. Cela m'a fait énormément de bien.

29

Rencontre avec la ministre française

Un soir, peu après mon retour, la ministre française des Affaires étrangères nous a invités, Roland et moi, à une réunion de débriefing. Nicolas Roche, rentré de Téhéran, serait présent, ainsi que des membres de l'équipe de crise, et Benjamin et sa sœur Blandine. Je m'attendais à ce qu'on nous demande notre point de vue sur la manière dont tout avait été géré, nos éventuelles recommandations, ce que le ministère aurait pu mieux faire, et ainsi de suite. Mais l'entrevue n'a été en fait qu'une conversation polie.

Benjamin et moi avons tout de même fait remarquer le mal que nous donnait le volet administratif des choses. Il n'y avait pas de « guichet unique » où nous pouvions tout régler, si bien qu'il nous fallait affronter les diverses administrations séparément. En revanche, nous étions émus de revoir Nicolas : il y a encore eu une belle tournée d'embrassades.

Pendant la réunion, la porte s'est ouverte et Catherine Colonna, la ministre des Affaires étrangères, est entrée. « J'ai entendu dire que vous étiez là et j'ai tenu à passer vous saluer. » Elle a fait le tour de la table en serrant les mains.

Son visage n'exprimait aucune émotion. Ses équipes avaient fourni un travail logistique énorme pour nous faire sortir d'Iran et elle n'avait quasiment rien à dire. Roland et moi en sommes restés sans voix. Le lendemain matin, Mme Colonna est allée parler de Benjamin et moi sur Europe 1. Elle a expliqué que nous étions encore extrêmement fatigués après notre emprisonnement « en Ukraine ». C'est la journaliste qui l'a corrigée.

Ma première interview dans les médias, je l'ai donnée à Lara Marlowe, la correspondante à Paris de l'*Irish Times*, qui est venue chez nous. Lara couvrait le volet français de ma situation depuis le début. Roland et une bonne amie à nous, Luce Dulucq, avaient organisé un concert à l'Institut culturel irlandais à Paris, que Lara avait largement couvert dans l'*Irish Times*. Ce nouvel article est sorti le 29 mai sur une double page, avec des photos de Roland et moi, souriants. Mon père en a été très fier.

J'ai aussi été contacté par la célèbre reporter de guerre Florence Aubenas, qui écrit dans *Le Monde* et qui est autrice d'un certain nombre d'ouvrages de journalisme d'investigation. Elle voulait m'interviewer. Florence a été prise en otage en Irak en 2005. Elle est restée cent cinquante-sept jours dans une cave à Bagdad, dans des conditions épouvantables : elle savait ce que j'avais vécu.

Elle est arrivée à notre appartement parisien le samedi 4 juin avec son photographe et une bouteille de champagne. Nous avons parlé pendant des heures, parfois en comparant notre rétablissement et ce qu'avaient été les premiers jours de liberté pour nous deux. Elle était très surprise qu'aucun membre du gouvernement ne se soit trouvé au Bourget pour nous accueillir. Elle nous a expliqué que le président de la République à son époque, Jacques Chirac, avait été régulièrement en contact avec sa famille. Il était aussi au Bourget quand elle était rentrée. Je lui ai dit que Benjamin et moi, quand j'étais à l'hôpital militaire, avions été très surpris de ne pas recevoir un coup de fil d'Emmanuel Macron ou de sa Première ministre, Élisabeth Borne.

L'article de Florence a paru dans *Le Monde* le 17 juin 2023. Une pleine page avec une photo en couleur. L'article est excellent. Florence a su transmettre l'injustice de la scandaleuse « industrie » des prises d'otages pratiquée par les Iraniens.

Encore maintenant, j'ai du mal à lire les articles écrits sur moi pendant mon séjour en prison. Je commence à les parcourir, mais je dois m'arrêter. C'est trop difficile. Je sens l'émotion monter en moi. Il en va de même pour la télévision et pour la couverture, par exemple, de la veillée à l'ambassade d'Irlande à Dublin.

Je suis stupéfié par ce que d'autres ont fait pour moi. Des gens que je n'avais jamais rencontrés, des gens que je n'avais pas vus depuis des années. Comment avaient-ils pu se battre avec tant d'ardeur pour ma libération ? Je me demande en permanence comment je pourrais les remercier.

30

Reconstruire ma vie

En termes administratifs, remettre en route mon ancienne vie ne s'est pas fait sans difficulté. J'ai contacté American Express pour faire opposition sur mon ancienne carte et en commander une nouvelle. La dame au bout du fil, quand je lui ai expliqué ma situation, a été très patiente et compréhensive. Elle m'a demandé si j'avais fait une déclaration de perte de toutes mes affaires à la police, car mon assurance voyage aurait alors pu me rembourser. Le lendemain, Roland et moi sommes donc allés au commissariat du coin. On nous a écoutés avec beaucoup de sollicitude. Roland m'avait fait porter disparu en octobre 2022, donc ce dossier-là au moins pouvait être refermé.

J'ai passé près de deux heures avec un policier, à détailler les circonstances de mon arrestation en Iran et à dresser la liste de tout ce qui m'avait été pris. Une fois en possession de ma déposition, American Express a contourné un certain nombre de règles et a déboursé de quoi couvrir une partie du montant estimé. Après tout, j'avais droit à une assurance rapatriement : elle est obligatoire pour obtenir un visa iranien, et le document d'American Express indiquait clairement les dates de mon séjour là-bas.

Maurice Cotter, de l'ambassade d'Irlande, m'avait dit de faire une demande de nouveau passeport irlandais en ligne, puis de lui envoyer mon numéro de dossier pour qu'il puisse accélérer la procédure. J'ai reçu le document une dizaine de jours plus tard. Avec l'administration française, en revanche, les choses ont pris bien plus de temps. Je n'ai pas demandé de nouveau passeport français mais simplement une nouvelle carte d'identité et un nouveau permis de conduire. Le ministère des Affaires étrangères m'avait remis une lettre afin que mon dossier soit traité dans les meilleurs délais. Je n'ai pas eu trop de mal à obtenir le rendez-vous, mais il a fallu deux semaines pour que je reçoive les documents.

Benjamin et moi avons été tous les deux surpris qu'il n'y ait pas de groupe ou d'agence dédiés pour aider les gens comme nous. Nous avons découvert plus tard l'existence d'un fonds de soutien pour les victimes de prises d'otages, auquel on nous a barré l'accès. Mais avec l'aide d'un avocat, qui se gardait un pourcentage sur nos gains, nous avons quand même pu recevoir une indemnité. Toutes les personnes que j'ai été amené à croiser dans les différents services étaient très compréhensives et étonnées que je ne bénéficie pas d'une priorité.

Quelques jours plus tard, j'ai rencontré mon médecin, la Dr Pauline Campa, à l'hôpital Saint-Antoine. Elle avait fourni un travail extraordinaire, envoyant en Iran deux longs rapports détaillés sur ma santé et sur les risques que j'affrontais en résultat de mon emprisonnement. L'ambassade française les avait traduits en farsi et transmis aux autorités iraniennes. La même chose avait été faite par mon ophtalmo, la Dr Marie Callet à l'hôpital Foch, en proche banlieue parisienne. Mon rhumatologue à Paris, le Dr Mickael Rose, avait aussi envoyé un rapport sur l'état de mon dos et de mes genoux : rester assis par terre et dormir dans un lit sans matelas m'avait fait un mal terrible.

Un soir, Roland m'a dit que, pendant mon séjour en prison, il avait reçu un appel de Nicolas Théry, du Crédit mutuel. Cela m'a stupéfié. J'étais membre du conseil de surveillance de ma branche locale du Crédit mutuel, un poste bénévole. Nicolas était alors Président du Crédit mutuel, l'un des plus grands groupes bancaires d'Europe. Il avait expliqué à Roland que, si quelque chose devait être payé pour ma libération, la banque mettrait la main à la poche.

La cheffe d'agence, Marie-Rita, avait pu aider Roland avec mes comptes bancaires, personnels comme professionnels. D'autres membres du conseil d'administration aussi s'étaient fortement impliqués. Joëlle et Pierre avaient participé à la manifestation pour les otages en Iran du 28 janvier 2023 à Paris, à laquelle même Nicolas Roche, l'ambassadeur, était présent.

Je suis allé voir Nicolas Théry en personne au siège du Crédit mutuel, à Strasbourg, à la mi-mai 2024. J'y ai reçu un accueil très chaleureux de la part de celui-ci et du nouveau président du groupe, Daniel Baal. Nicolas m'a expliqué qu'il était ami avec Hélène Tréheux-Duchêne, ambassadrice de France au Royaume-Uni, qui elle-même connaissait Nicolas Roche. Nicolas Théry avait contacté Roche à Téhéran pour voir comment la banque pouvait se rendre utile. Nicolas avait aussi écrit à la ministre des Affaires étrangères, Catherine

Colonna. Tout le monde lui avait dit de rester discret et de ne pas faire de vagues. Je lui ai expliqué que c'était précisément la mauvaise tactique. Tous les anciens otages à qui j'ai parlé sont d'accord pour dire que leur histoire devait rester à la une dans les médias. La discrétion, c'est exactement ce que veulent les Iraniens.

Nous avons aussi évoqué le cas de Cécile Kohler, qui est alsacienne. Elle a été arrêtée avec son compagnon, Jacques Paris, en mai 2022, et enfermée à la prison d'Evin. La banque, propriétaire d'un certain nombre de titres de la presse régionale, a activement soutenu sa cause. J'ai dit à Nicolas que je pensais qu'il fallait accélérer les choses, par exemple en affichant une grande bannière sur la façade de l'hôtel de ville de Strasbourg, avec un compteur indiquant le nombre de jours de détention. J'étais convaincu qu'un geste un peu spectaculaire comme celui-là pourrait vraiment l'aider.

31

Chez moi

Le 8 juin, Roland et moi sommes partis à Dublin pour voir mon père. Dónal Cronin, du ministère irlandais des Affaires étrangères, nous avait organisé une entrée discrète dans le pays. Les médias m'avaient contacté et j'avais dit que je serais disponible pour les rencontrer une fois que j'aurais pu remercier le gouvernement.

Au contrôle des frontières à l'aéroport Charles-de-Gaulle, à Paris, j'ai tendu mon passeport irlandais, mais on m'a arrêté. L'agent m'a demandé si j'avais un « problème » avec la police. J'ai répondu que non, mais qu'il pouvait y avoir des informations sur mon cas dans les dossiers. Cela allait devenir une habitude chaque fois que je franchissais un contrôle aux frontières françaises. À mon retour de Londres, il m'a fallu plus d'une demi-heure pour franchir le contrôle à l'immigration. Tout le monde s'est profusément excusé, mais cela rendait les voyages encore plus fastidieux. C'est Adrien, de Hostage International, qui, en faisant appel à ses relations, a pu trouver la bonne personne pour me retirer de la liste qui surgissait chaque fois qu'on vérifiait mon identité.

Mon père m'attendait pour des retrouvailles fort émouvantes. Il m'a montré avec fierté toutes les coupures de presse qu'il avait étalées sur la table de la salle à manger. Mais ce dont il était le plus fier, c'est la lettre que lui avait envoyée le président, Michael D. Higgins. Il me l'a lue en y mettant beaucoup de sentiment. Physiquement, il semblait plutôt en forme, mais j'allais bientôt apprendre qu'il montrait des signes de confusion depuis quelques mois, et qu'il avait du mal à comprendre où étaient différents endroits. Cela s'est aggravé avec le temps, et en février 2024 il a dû entrer dans une maison spécialisée.

Le 20 juillet, je suis retourné à Dublin avec Roland pour remercier toutes les personnes impliquées dans ma libération. Il devait y avoir des interviews pour la presse et la télévision irlandaises. Ma sœur Caroline aussi est venue de France. L'après-midi du mardi 25 juillet, mon père, Caroline, Roland et moi sommes allés prendre le thé avec Micheál Martin à Iveagh House, dans St Stephen's Green. Il y avait là divers membres de l'équipe qui s'était démenée pour ma libération, notamment Sonja Hyland, la secrétaire générale adjointe du service. Sonja avait fait partie d'une délégation envoyée à Téhéran peu après l'annonce de mon arrestation. En mai, elle avait travaillé en contact étroit avec l'ambassadrice d'Irlande, Sonya McGuinness, pour l'accélération de ma libération. J'ai découvert que le refus d'ouvrir une nouvelle ambassade d'Irlande à Téhéran avait bien contrarié le régime. Sonja m'a dit que les Iraniens avaient demandé une feuille de route pour l'ouverture de cette ambassade. Elle avait répondu qu'il faudrait d'abord aplanir un obstacle appelé Bernard.

Micheál Martin a expliqué qu'il avait parlé avec son homologue à Téhéran, Hossein Amir-Abdollahian, et qu'il avait convoqué l'ambassadeur d'Iran en Irlande pour lui exposer la situation.

Le lendemain matin, j'avais rendez-vous avec toute l'équipe dans le service. En buvant du bon thé irlandais, ils m'ont demandé ce qui aurait pu être mieux fait, ou fait différemment. J'ai dit qu'avoir le numéro de portable de Justin avait été très rassurant pour moi, mais que le système de dictée des messages était compliqué parce que Justin devait taper pendant que je lui lisais lentement mes notes. Si seulement le diplomate irlandais avait simplement pu enregistrer le message et le donner à taper à quelqu'un à Dublin ! Notre temps au téléphone était très précieux. Pendant toute notre captivité, l'ambassade de France, elle, ne nous avait jamais donné un numéro de portable à utiliser en cas d'urgence.

Il y a eu une conversation sur les objets que j'appréciais le plus de recevoir : livres et mots croisés, suivis par les aides au confort, notamment les vêtements chauds. Une fois, Justin et moi avions plaisanté sur l'idée qu'il nous envoie un presse-purée. Cela aurait été bien utile, mais la sécurité aurait sans doute vu cela comme une arme, à l'instar des bouillottes, et refusé de me le donner.

J'ai aussi appris de l'équipe que les lettres que j'avais dictées à mon père avaient été rédigées dans une police de caractères qui ressemblait un peu à une écriture manuscrite. Et que, bonus supplémentaire, elles avaient été imprimées en vert !

32

Un an plus tard

Nous sommes maintenant en mai 2024, un an après ma libération. Qu'est-ce qui a changé dans ma vie ? Tout. Je ne suis plus la même personne. Je porte un regard très différent sur l'existence. Dorénavant, je veux profiter de la vie avec mon mari Roland et avec Ulysse, mon labrador irlandais. Avant, j'étais toujours en train de courir pour faire mille choses. Mais j'ai fini de remettre le changement à plus tard. Je compte bien réduire le stress qui faisait partie de mon quotidien. Par exemple, au lieu de prendre mon café du matin au comptoir de mon bistro local, je m'assois maintenant en terrasse et j'apprécie de regarder passer le monde. Je veux profiter de la moindre occasion de voir les amis et la famille, et de prendre mon temps avec eux.

Je fonds en larmes moins souvent qu'au début, mais je ne sais jamais ce qui va déclencher les grandes eaux. Récemment, en assistant à un opéra, *Madame Butterfly*, j'ai pleuré au moment où l'héroïne, Cio-Cio-San, comprend qu'elle ne reverra jamais Pinkerton. Ça me rappelait la peur de ne jamais revoir Roland. C'est une chose à laquelle je pensais souvent en prison. L'idée de ne plus jamais le voir m'emplissait de terreur.

Une fois, Roland et moi avons décidé de regarder ce qui était décrit comme une comédie avec Catherine Deneuve. Le film, *L'Adieu à la nuit*, commençait bien. Puis l'un des personnages avait un flash-back : des scènes d'une rue en ruine. Il y avait un petit garçon qui pleurait assis sur des marches tandis qu'un char avançait dans sa direction. Je me suis mis à trembler, et les larmes ont commencé à couler. Nous avons dû éteindre la télévision.

Lors d'un dîner avec une amie, Geneviève, à Toulouse, l'un des convives, Laurent, portait une chemise noire à manches longues. Là encore, je me suis mis à trembler et quelqu'un à table m'a demandé si j'allais bien : j'étais livide. Quand j'ai expliqué pourquoi, Laurent m'a promis qu'à notre prochaine rencontre il ne mettrait pas de noir. C'est très étrange : il suffisait que la personne porte une chemisette noire à manches courtes ou ait simplement les manches roulées pour que je n'aie aucune réaction négative.

Beaucoup de situations sont devenues compliquées depuis ma libération. Je n'écoute plus les infos le matin en me brossant les dents. À la télévision, les scènes de guerre violentes, de cellule ou de prison me font quitter la pièce. Moi qui achetais *Le Monde* tous les jours, je ne peux plus lire les articles sur les conflits armés. L'été après ma libération, à Banyuls-sur-Mer, le maire m'a demandé de faire un bref discours lors de la fête du village. La fanfare a entonné *La Marseillaise*, et je me suis retrouvé en pleurs.

Dormir aussi est devenu problématique. Pendant les mois qui ont suivi ma libération, j'ai fait des cauchemars terribles, emplis de violence. Les somnifères m'aident à trouver le sommeil, mais je me réveille d'un coup vers 4 heures du matin. Les idées noires sont moins fréquentes, mais je suis parfois assailli par un tel désespoir que j'ai envie d'en finir. Le service psychiatrique de l'hôpital militaire disposant d'une permanence téléphonique ouverte à toute heure, en théorie je ne suis jamais seul. Mais trouver le courage de composer le numéro est une autre paire de manches. La Dr Guillaume m'a mis en arrêt maladie. Je la vois en personne, ou en vidéo quand je ne suis pas à Paris, au moins une fois par semaine, parfois plus souvent, selon ce qui m'arrive. Nous parlons de mes cauchemars, des situations qui me mettent mal à l'aise, comme voir des hommes en chemise noire à manches longues, de mes idées noires. Avec le temps, les choses se sont améliorées, mais je ne sais jamais ce qui va me faire réagir. Je suis encore mal à l'aise dans la foule.

Désormais la vue d'un drapeau iranien me glace, qu'il s'agisse du magnet qui était encore collé sur le frigo quand j'ai regagné notre appartement à Paris, ou du studio de télévision suédois où j'étais interviewé à propos d'un otage suédois en Iran, quand un grand drapeau est apparu sur un écran à côté de moi. En Iran, le drapeau est partout et en nombre : par exemple, sur un pont autoroutier, on peut en apercevoir vingt flotter dans le vent. Le voir surgir ainsi m'a rappelé quand on m'emmenait au tribunal, menotté, les fers aux pieds, et les gardes armés de leurs pistolets et de leurs mitraillettes qui m'accompagnaient. Je me suis senti très mal, et quand un technicien m'a demandé si ça allait, je lui ai expliqué que non, et pourquoi. En quelques secondes, comme c'était le week-end de Pâques, le drapeau a été remplacé par une photo d'œufs de Pâques.

Je suis toujours en arrêt maladie, et mon médecin comme les psychiatres militaires qui me voient toutes les semaines ont recommandé que je ne reprenne pas le travail. On m'a diagnostiqué un syndrome de stress post-traumatique, ce qui est paradoxalement rassurant parce que cela met un nom sur mon ressenti et mes réactions. Il y a quelque chose qui cloche chez moi, mais au moins, maintenant, je sais ce que c'est.

Mon dos et mes genoux me donnent encore des soucis, ainsi que mon glaucome. Mon dos s'est aussi légèrement voûté. Une douloureuse fracture de fatigue a été découverte dans mon genou gauche au début de ce mois, à la suite d'une IRM. Mon médecin pense que les conditions de ma détention et mon alimentation en prison ont contribué à ce nouveau problème. Mon ouïe s'est détériorée également, et je consulte un spécialiste à l'hôpital militaire.

Roland et moi étant tous les deux très cinéphiles, nous allons souvent au cinéma, parfois deux fois dans la même semaine. Mais cela aussi s'est compliqué. Même si je choisis un film « convenable », c'est-à-dire sans violence, ne se passant pas au Moyen-Orient ni en Asie centrale, je ne peux pas prévoir ce qui sera montré dans les bandes-annonces en début de séance. Je ne regarde presque plus le journal télévisé et, dans la presse, j'ai tendance à sauter tout article sur la guerre ou la violence, au point qu'il ne me reste parfois pas grand-chose à lire.

Lire des livres est aussi devenu compliqué. Je lisais beaucoup, avant, mais depuis mon retour, il n'y en a qu'un qui a su m'intéresser : *A Bit of a Stretch : The Diaries of a Prisoner* de Chris Atkins, sur le séjour du documentariste à la prison de Wandsworth, en Angleterre. Benjamin et moi avions beaucoup parlé de ce qu'est la prison en Irlande ou en France, et le récit de Chris Atkins est très intéressant. Mais la différence frappante, c'est qu'un prisonnier dans une démocratie sait au moins combien de temps il lui reste à tirer. Alors que, en Iran, on ne le sait jamais.

J'avais toujours beaucoup voyagé, dans des endroits aussi variés que l'Indonésie, la Finlande, le Paraguay, l'Algérie, Sao Tomé-et-Principe, les États-Unis, le Zimbabwe, la Palestine... Désormais, je préfère les destinations plus stables et « sûres ». Je ne retournerai probablement jamais en Asie centrale, à moins d'un changement de régime en Iran. J'espère que cela arrivera un jour et que je serai là pour voir ça. Je m'attriste quand je pense à tous mes amis iraniens. Chez nous, Roland a rangé dans un placard tous les souvenirs d'Iran que nous avons collectionnés au fil des ans, des tapis persans aux livres de cuisine iranienne. J'ignore quand je pourrai les en ressortir.

L'État français a au moins reconnu que Benjamin et moi avions droit à une aide financière, comme d'autres anciens otages avant nous. Le FGTI (Fonds de garantie des victimes d'actes de terrorisme et d'autres infractions) nous a aidés. Il est géré par les assureurs français. Tous les contrats d'assurance multirisque habitation souscrits en France comprennent une contribution à cet organisme. Celui-ci peut aussi aider les familles des otages. D'après mes conversations avec d'autres, je ne suis pas sûr qu'il existe un équivalent dans d'autres pays d'Europe. Ni l'Irlande ni l'Union européenne ne m'ont proposé la moindre aide financière.

Je sais à présent que Benjamin et moi avons été libérés en échange du diplomate iranien Asadollah Assadi. Il était détenu en Belgique, où il était condamné à vingt ans d'emprisonnement pour une tentative d'attentat à la bombe contre un meeting d'opposants au régime iranien à Paris en 2018. Le nom de code de l'échange : « Blackstone », je crois d'après le nom du juge anglais du XVIIIe siècle. L'humanitaire belge Olivier Vandecasteele faisait aussi partie de l'échange. Olivier a été libéré peu après nous deux, fin mai 2023. Nous sommes devenus bons amis depuis. Il essaie d'obtenir que l'UE reconnaisse mieux les otages, et je dois me rendre à Bruxelles à la fin du mois pour le voir, lui et des élus de l'European External Action Service (le ministère des Affaires étrangères de l'Union européenne).

Je me suis beaucoup impliqué aussi dans le dossier de l'otage suédois Johan Floderus, un employé de l'UE arrêté à Téhéran en avril 2022. Sa famille et le gouvernement suédois sont restés discrets pendant ses cinq cents premiers jours d'emprisonnement. Ils pensaient sans aucun doute lui rendre service en prévenant une escalade de la crise, mais comme je l'ai montré pendant tout le récit de ma propre expérience, faire pression sur le gouvernement iranien en attirant l'attention sur les otages est plus efficace pour les faire libérer.

En France, je travaille avec des magistrats qui essaient de mettre quelque chose en place sur le front administratif pour les otages libérés. Par exemple, mes droits à la retraite pour ma période comme otage ont été affectés : il y a désormais un trou de deux cent vingt-deux jours dans mes cotisations. Pour le moment, l'administration refuse de reconnaître la nature de mon absence de France et de me restituer mes droits pour la période. J'ai fait appel de la décision, on verra bien. Fin mai, on m'a aussi demandé de rembourser tout l'argent qui m'a été versé pendant mon congé maladie. Les tracasseries administratives sont sans fin.

Ces différentes facettes de mon existence actuelle, de l'administratif à l'activisme, me donnent un but et m'aident à mettre à profit, d'une certaine manière, ces mois terribles passés en Iran. J'ignore complètement ce que me réserve l'avenir, mais pour l'instant je me consacre à retourner non pas à mon ancienne vie, car elle n'est plus, mais à une nouvelle vie. Je ne suis plus l'homme qui est parti pour l'Iran en septembre 2023. Physiquement et mentalement, j'ai changé, et par conséquent ma vie ici à Paris a changé aussi. Mais je suis toujours entouré de ceux qui m'aiment et qui se sont battus pour ma libération. Mon père a vécu assez longtemps pour me voir rentrer d'Iran ; Roland, quoique bouleversé et en colère contre ce que j'ai traversé, est à mes côtés. Je reçois un immense soutien psychologique et émotionnel. Et tout cela vaut la peine d'être vécu.

Postface

Avec mon père et mon mari Roland, nous avons rencontré le samedi 5 octobre 2024, trois jours après le lancement de l'édition anglaise de ce livre, le président irlandais Michael D. Higgins.

Le matin suivant, mon père a eu un accident à sa maison de retraite et il a été hospitalisé. Il est décédé le 30 octobre à l'âge de quatre-vingt-dix-huit ans.

Il n'y a pas beaucoup de fils au monde qui ont eu la chance, comme moi, de pouvoir compter sur un père comme lui.

Lui et maman nous poussaient constamment à sortir et à explorer le monde. Mes parents m'ont toujours soutenu dans toutes les grandes décisions de ma vie, comme déménager en France, créer ma propre entreprise et épouser Roland.

J'ai tellement de bons souvenirs de moments avec mon père. Comme naviguer sur un petit voilier à Greystones. Ou en 1968 en Allemagne, dans la Volkswagen Beetle, chantant *Yellow Submarine* alors qu'il venait d'acheter un canot pneumatique jaune. Ou prendre le petit déjeuner à Clonmel avec de la truite fraîche qu'il avait pêchée la veille au soir sur les rives de la Suir. Je me souviens de son dernier voyage en France. C'était pour venir voir notre nouvelle maison à Banyuls-sur-Mer, « Can Rafalet ». Je suis allé à Dublin le chercher. Il était tellement content d'être là avec Roland et moi. Il a pu rencontrer des vieux amis et profiter d'un cadre merveilleux.

Mon père avait un grand sens de l'humour. Je me rappelle qu'il me racontait les farces qu'il faisait avec son frère jumeau Neil. Je me rappelle aussi qu'il fouettait de la crème pour son dessert préféré, des fraises à la crème, mais qu'au dernier moment il tendait à un visiteur de passage une cuiller à dessert contenant ce qui semblait être de la crème mais qui était en fait de la mousse à raser. Il me postait régulièrement les dessins de Martyn Turner dans l'*Irish Times*.

Mais surtout, mon père m'a sauvé la vie. En prison en Iran, il m'a supplié d'arrêter ma grève de la faim, ce que j'ai fait. Avec ma sœur Caroline et mon mari Roland, il s'est battu pour me ramener à la maison. J'étais terrifié à l'idée que mon père de quatre-vingt-dix-sept ans ne soit plus en vie à ma libération. Mon bon ami et compagnon de cellule Taj a perdu son propre père alors qu'il était en prison avec moi. Taj est toujours incarcéré et a été condamné à mort pour la deuxième fois.

L'action de mon père et de Caroline devant l'ambassade iranienne a eu des répercussions le jour même dans ma prison de Machhad. Cette action a été remarquée par les familles de prisonniers politiques, qui ont ensuite rapporté à ces derniers ce qu'elles avaient vu à la télévision. Cette même vidéo de mon père lors de la veillée a été utilisée pour stimuler le mouvement pour la libération d'un autre otage, Johan, de nationalité suédoise, avec une action similaire devant l'ambassade iranienne.

Mon père a tenu bon pour mon retour. Il a tenu bon pour faire son dernier voyage en France afin de visiter notre nouvelle maison à Banyuls-sur-Mer. Il a tenu bon pour mon livre et il a tenu bon pour sa rencontre avec le président.

Paris, 13 novembre 2024.

APPENDICES

Le récit de Caroline – Caroline Massé-Phelan

J'ai réussi à cacher à notre père le fait que Bernard était emprisonné en Iran jusque dix jours après la date prévue de son retour. Je savais que, si notre père l'apprenait, ce serait terrible pour lui. Il avait quatre-vingt-dix-sept ans et avait déjà perdu un fils, notre frère Declan, mort d'un lupus en 2006. J'avais conscience que, si je le mettais au courant, cela ne ferait qu'accentuer sa propre peur de la mort.

Et j'avais raison. Du jour où je lui ai annoncé la nouvelle, il n'a cessé de répéter qu'il voulait revoir son fils avant de mourir, et ce fardeau, ajouté à toutes les actions entreprises pour la libération de Bernard, pesait extraordinairement sur mon propre état d'esprit, ma santé mentale et ma vie quotidienne.

Ces dix premiers jours ont été comme un compte à rebours pendant lequel Roland et moi tentions désespérément d'en apprendre davantage sur la situation de Bernard et sur les moyens de le rapatrier avant de devoir prévenir mon père. Roland était en contact quotidien avec le Quai d'Orsay, moi avec le ministère irlandais des Affaires étrangères à Dublin. C'était une épreuve entièrement nouvelle qui m'a propulsée dans un monde que je ne connaissais pas : celui de la diplomatie, des intérêts nationaux et de la géopolitique. Le ministère, tout en me soutenant et en se montrant très compréhensif, m'a dit que, comme Bernard était passé en Iran avec son passeport français, ce serait la France qui mènerait les négociations.

J'ai vite compris que cela dépassait la question d'une personne incarcérée à tort. En apprenant que d'autres citoyens de l'UE étaient retenus illégalement dans des geôles iraniennes, j'ai pris conscience que ce n'était qu'une toute petite partie de la question très complexe des politiques moyen-orientales vis-à-vis non seulement de la France et de l'Irlande, mais de l'Union européenne en général. Je commençais à saisir que l'emprisonnement de Bernard n'allait pas être résolu rapidement et que je ne pouvais plus le dissimuler à mon père. Au bout de dix jours, il avait déjà contacté le commissariat près de chez lui et demandé que soit lancé un avis de recherche. J'ai alors dû lui annoncer que Bernard était détenu dans une prison iranienne à Machhad.

Petit à petit, j'ai informé les amis et la famille de la terrible situation de Bernard. Tous nous ont épaulés de manière formidable, et je n'y serais pas arrivée sans eux. Le groupe des proches inquiets est devenu un comité de soutien avec réunions hebdomadaires, plannings, distribution des rôles et listes de tâches. Nous avons contacté tous ceux à qui nous pouvions penser avant d'alerter la presse. Hostage Worldwide et Hostage International ont été d'excellent conseil en plus de leur soutien psychologique.

À Noël, la santé et le moral de Bernard déclinant, nous avons décidé d'alerter la presse irlandaise. Nous sentions que, même s'il était parti avec son passeport français, mettre en avant sa citoyenneté irlandaise était préférable, l'Irlande ayant des positions moins controversées sur la scène internationale. Nous espérions que, en alertant la presse et en contactant des députés irlandais, nous mettrions plus de pression sur les gouvernements irlandais et français pour qu'ils poussent l'Iran à libérer un innocent.

Précipitée sous les projecteurs médiatiques, jonglant avec mon travail tout en recevant tous les jours des messages de Bernard parlant de son malheur, tout cela a mis un coup à ma santé mentale, à mon sommeil et à ma vie de famille. Toutes mes journées tournaient autour de la tâche de faire revenir Bernard et de prendre soin de notre père. Lorsque nous avons enfin appris la nouvelle de la libération imminente de mon frère, je n'y ai pas cru. Nous avions déjà vécu des moments de sa captivité où nos espoirs avaient été encouragés pour être aussitôt écrasés, et je n'osais pas me dire que cette fois était la bonne. Le voir descendre de l'avion à Paris dans ce hangar blanc étincelant a été surréaliste.

Je remercie du fond du cœur tous ceux qui se sont engagés pour obtenir qu'il rentre chez lui. Mon père a pu à nouveau le serrer dans ses bras, et les amis comme la famille fêtent encore l'événement.

La stratégie presse et la veillée pour Bernard – Eoghan Corry

Aussitôt que nous avons appris la nouvelle de son incarcération, la famille et les amis de Bernard en Irlande comme en France ont commencé à élaborer des stratégies pour le faire revenir. Sa sœur Caroline se trouvait face à un dilemme. L'approche initiale était d'éviter la publicité pour ne pas contrarier ou provoquer les ravisseurs de Bernard, dans l'espoir qu'ils le relâchent sans tambour ni trompette. À Noël 2022, il était clair que les résultats n'étaient pas là.

Je suis journaliste et, comme je travaillais régulièrement pour la radio et la télévision irlandaises, et que j'avais à mon actif une carrière de commentateur politique dans la presse irlandaise, mon conseil à la famille a été de mettre au point un message simple en trois points qui puisse être répété souvent, un mantra dans toute communication :

1. Bernard est citoyen irlandais.
2. L'Irlande n'a pas de conflit avec l'Iran.
3. Bernard était en Iran pour aider le pays et promouvoir le tourisme iranien.

Cela a été la base du premier communiqué de presse sur la captivité de Bernard, sorti le 27 décembre. J'ai aussi conseillé que la campagne soit coordonnée par Caroline, pour éviter toute initiative ou tout post intempestifs sur les réseaux sociaux de la part des proches ou des soutiens. L'*Irish Times* a sorti son premier article le 3 janvier et a continué de soutenir la campagne. Les autres publications nationales – l'*Irish Independent*, l'*Irish Examiner* et les éditions dublinoises de journaux anglais – lui ont emboîté le pas dans les jours qui ont suivi. Les principales chaînes irlandaises, RTÉ télévision et radio, la télé Virgin Media et la radio Newstalk ont toutes parlé du calvaire de Bernard.

L'impact a été immédiat. Le Taoiseach (Premier ministre), Leo Varadkar, et le Tánaiste (vice-Premier ministre) et ministre des Affaires étrangères, Micheál Martin, ont tous les deux été alertés sur la situation. Les équipes ministérielles se sont mises au travail. L'Irlande devait rouvrir une ambassade à Téhéran, un processus retardé par la pandémie, et le but de la famille était de faire de la libération de Bernard une condition *sine qua non* de cette réouverture.

Il faut reconnaître aux élus irlandais qu'ils ont tout de suite eu la volonté manifeste de mettre de côté les politesses diplomatiques pour œuvrer à la libération de Bernard. Quand le ministre irlandais a rencontré son homologue iranien fin janvier, Bernard est aussitôt devenu leur principal sujet de conversation. Le ministre iranien a assuré qu'il suivait « personnellement » l'affaire, mais que la justice iranienne était une institution séparée dont dépendait le sort de Bernard. Il a aussi dit « s'engager » à améliorer les conditions de vie de celui-ci et à obtenir qu'il puisse téléphoner à sa famille.

Le 11 janvier 2023, plusieurs courageux ressortissants iraniens résidant en Irlande ont manifesté devant l'ambassade iranienne et appelé le gouvernement à expulser l'ambassadeur d'Iran en Irlande. Beaucoup d'entre eux avaient de la famille là-bas, et manifester était clairement risqué pour eux comme pour leurs proches.

Le soutien des médias s'est révélé crucial : Conor Gallagher dans l'*Irish Times*, Edel McAllister, Kate Egan et Joan O'Sullivan sur RTÉ, Ralph Riegel dans l'*Irish Independent*, Neil Michal dans l'*Irish Examiner*, Christian McCashin dans le *Daily Mail*, Gráinne Ní Aodha dans la Press Association et des dizaines d'autres travaillant en coulisse pour d'autres journaux, Newstalk, VMTV et d'autres chaînes. Les médias français, emmenés par *La Croix* et l'AFP, ont relayé la couverture irlandaise.

Le site web du comité de soutien a vu le jour le 12 février. Huit mille personnes ont signé la pétition pour la libération de Bernard. Mais pendant qu'un mouvement se formait à Dublin, notre ami essuyait un nouveau revers : un procès sommaire en Iran le 26 février.

La famille a décidé début mars qu'il était temps de muscler encore la campagne. Une conférence de presse a été donnée le 8 mars, animée par Paul Gallagher, directeur général du Buswells Hotel. Le choix du lieu n'avait rien d'un hasard : le Buswells se trouve juste en face du Dáil, le Parlement irlandais, à Leinster House. La conférence a été ouverte par les cousins de Bernard, Greg O'Corry-Crowe, un scientifique, et Patricia Phelan, avocate. Un autre cousin avait produit une vidéo dans laquelle on voyait le père de Bernard.

La conférence de presse a duré un peu moins d'une demi-heure, dans une petite salle bondée de l'hôtel, devant une batterie de micros alignés sur la table. La courte vidéo a été projetée (cette vidéo ouvrait aussi le reportage de Joan O'Sullivan dans l'émission d'infos *Six One* sur RTÉ). Les questions étaient fonctionnelles : la procédure judiciaire en Iran ; le processus de communication avec Bernard par l'intermédiaire de Justin Ryan, un diplomate irlandais basé à l'ambassade d'Allemagne à Téhéran ; les conditions de vie en prison ; et les conseils du ministère des Affaires étrangères. Greg a déclaré aux auditeurs : « Il y a beaucoup de dates importantes qui pourraient coïncider avec une libération de Bernard. La fête de Norouz, le nouvel an, tombe le 20 mars. C'est une célébration du retour du soleil, l'équinoxe de printemps. Nous aimerions, nous, célébrer le retour d'un fils auprès de son père. »

Patricia Phelan a martelé aux médias que « la publicité protège ». Elle a dit que ce n'était pas le moment de normaliser les relations avec l'Iran. « L'ambassade d'Irlande à Téhéran a fermé ; sa réouverture sera interprétée en Iran et dans le monde comme une sorte d'approbation de la part de l'Irlande, un signe que les relations s'améliorent. Est-ce bien le moment d'envoyer ce signal, alors qu'un Irlandais risque de finir ses jours dans une geôle iranienne ? Un Irlandais innocent et malade ? Ce n'est tout simplement pas le moment. » Interrogé pour savoir si Bernard était un pion dans un jeu plus large, Greg a répondu : « C'est ce que pense l'homme de la rue. »

La conférence de presse a aussi annoncé une veillée qui se tiendrait devant l'ambassade d'Iran le 30 mars. Le choix des mots était important. Greg a insisté sur le fait que ce serait « une veillée, pas une manif ». Des membres de la famille sont arrivés de toute l'Irlande, ainsi que la diaspora des Phelan et des Corry dispersée dans le monde entier. Ils ont tendu des fleurs devant l'ambassade. Certains sont venus avec le slogan du mouvement féministe iranien : « FEMMES, VIE, LIBERTÉ ». Même à quatre-vingt-dix-sept ans, le père de Bernard ne s'est pas senti trop âgé pour se joindre aux veilleurs. La photo qui a fleuri dans les journaux télévisés du soir et la presse papier du lendemain, c'était lui. Ci-dessous, la cousine de Bernard, Kathy Phelan, se souvient de cette veillée.

La veillée – Kathy Phelan

Sur un côté de l'avenue Mount Merrion se trouvaient une centaine de parents et d'amis, portant des bannières et des messages polis réclamant la liberté pour Bernard. Les voitures qui passaient lentement klaxonnaient en signe de soutien. De l'autre côté, face à nous, les portes fermées et les volets baissés de l'ambassade iranienne à Dublin désertée.

Des gens étaient venus de toute l'Irlande, l'Angleterre et la France. Nous voulions désespérément faire quelque chose. Bernard manquait à nos vies depuis octobre 2022, et nous savions qu'il ne se portait pas bien. Sa sœur Caroline nous avait régulièrement informés de ses tentatives auprès des diplomates en France et en Irlande, mais la seule réponse semblait être un silence glacé.

30 mars 2023. Sous un ciel gris de printemps, nous avons apporté des jonquilles et les avons déposées au pied des hauts murs entourant l'édifice et de la porte métallique, dans un geste d'amitié et de paix. Caroline avait clairement indiqué que ce serait une veillée et non une manifestation. Étant donné l'âge et la fragilité de certaines des personnes présentes, il aurait fallu beaucoup de mauvaise foi pour décrire cela comme une manif. Les *gardaí* (la police irlandaise) observaient et se rendaient certainement compte que, étant donné la présence d'un monsieur de cent deux ans (Hugh O'Neill, un vieil ami de la famille), la situation ne risquait pas de dégénérer et que leur après-midi serait paisible. L'oncle Vincent s'est levé de sa chaise et, avec l'aide de Caroline, lentement, avec dignité, a traversé la rue animée pour déposer une lettre demandant la libération de son fils Bernard. Nous avons regardé sans mot dire, mais les gens ont dû se demander si Vincent reverrait Bernard un jour et se rappeler le fait poignant qu'il avait déjà perdu son autre fils, Declan, dans des circonstances tragiques. Les yeux se sont mouillés de larmes. Puis nous avons attendu, et l'incertitude initiale sur ce que nous devions faire s'est dissipée. Les gens ont commencé à se parler, prenant conscience qu'ils étaient lointains cousins, parfois au troisième ou au quatrième degré, ou qu'ils avaient un collègue en commun, ou qu'ils avaient couru un marathon avec Bernard, ou adopté un chiot de la même portée que le sien. L'ambiance s'est détendue, et nous avons profité au maximum de ce moment, allant parfois jusqu'à rire. Et ensuite, bien sûr, nous avons trouvé un pub au coin de la rue. Nous avons été ravis de nous voir lorsque les journaux télévisés du soir sont apparus sur les écrans. Tout compte fait, nous avions peut-être accompli quelque chose.

Une lettre de Myriam Frégonèse (cheffe de service de Roland)

Cher Bernard,

Si tu le veux bien, je vais t'écrire la lettre que tu n'as pas reçue durant ta captivité. D'abord parce que nous ne nous connaissions pas. Ensuite parce qu'il fallait que tu sois sorti pour qu'elle puisse s'écrire.

Le jour où j'ai appris que quelque chose était sur le point d'arriver, quelque chose qui serait peut-être grave, c'était un jour de reprise après les vacances de la Toussaint. Roland, ton mari, l'homme que je côtoie au quotidien depuis un quart de siècle à l'hôpital de jour dans lequel nous exerçons ensemble, cet homme s'est assis calmement en face de moi, nous étions seuls dans mon bureau, son visage était grave, je sentais l'inquiétude le traverser, peut-être même le dominer. Il a parlé du silence dans lequel vous étiez depuis quelques jours plongés, un silence qui aurait pu s'expliquer du fait d'un réseau téléphonique parfois mal établi, selon la région dans laquelle tu étais parti faire des repérages touristiques, en Iran. Il m'a indiqué l'heure à laquelle ton avion devait atterrir. Cette heure qui serait celle de la vérité sur la situation. Jamais il n'avait parlé de toi aussi précisément avec moi. Une certaine retenue avait toujours été observée entre nous au sujet de nos vies privées, malgré une estime réelle, une amitié toute professionnelle, celle qui se vit cinq jours par semaine au fil de longues années, à échanger autour des patients, de l'institution, des collègues, à rire beaucoup, un peu de tout, avec cette désinvolture extraordinaire qui caractérise Roland, évoluant toujours avec calme et sérénité malgré le bruit et parfois la fureur de nos établissements. Mais là, ce jour-là, j'ai perçu que le calme s'éloignait, l'angoisse prenait place dans le corps assis face à moi, le sentiment étrange que l'intuition était malheureusement bonne, car Roland le sentait, intimement, et je l'ai ressenti à mon tour : quelque chose de grave était en train d'arriver.

Puis il y a eu la confirmation. Les mots qui disaient ce que nous savions déjà. La privation de liberté, les semaines et les mois de combat à venir, la peur, que tu ne reviennes pas, ou pas avant très longtemps, après des mois ou des années de vie volée. Roland n'a pas évoqué tout ça. Il était confus. Il essayait de m'expliquer mais sa pensée était entravée par la peur, le chagrin aussi demandait sa place, dans son corps de plus en plus faible.

Je ne sais plus vraiment quand il a cessé de venir au travail. Je me souviens de quelques tentatives de retour. Sans succès. Les pensées envahissantes ne laissent aucun répit. Roland auparavant totalement disponible pour ses patients ne pouvait plus désormais aller au bout d'une séance. Son esprit était assiégé. Alors il a décidé de rester chez vous pour mener votre combat. Il m'a demandé de le dire, l'expliquer avec des mots simples et sincères à l'équipe. Lui d'ordinaire si discret m'a demandé de parler à trente-cinq personnes en réunion générale de votre situation. Après l'annonce de la nouvelle, le silence s'est imposé, des coups d'œil ont été échangés, l'actualité dans toute sa violence avait frappé un des nôtres, touchant au plus près notre équipe.

Chacun à son niveau s'est alors efforcé de rendre l'absence de Roland la moins inquiétante possible pour les patients. Faire corps pour protéger les adolescents, et nous rassurer, entre nous, sur le fait que nous faisons tout ce qui est en notre pouvoir pour Roland, pour toi, pour ceux qui se battent pour la liberté.

Enfin, je vais te dire le chagrin que j'ai ressenti à l'idée de ce que vous traversiez tous les deux. Et je sais, pour l'avoir vu, que je ne suis pas la seule dans notre établissement. Surtout lorsque tu arrêtais de manger, ou de prendre tes médicaments. Les débuts de journée à l'hôpital étaient alors graves, les regards trahissant le sentiment que cet événement presque irréel était en train d'arriver, de toucher notre collègue et ami. Nous commencions le travail avec quelques mots, retenus, mais il faut le dire, nous pensions tous sans cesse à toi, à vous.

Puis ce fut la joie, le soulagement extraordinaire à l'annonce de ton retour. Une nouvelle page qui s'est ouverte et qui m'a offert le privilège d'enfin te rencontrer.

Merci d'être revenu.

Un concert pour Bernard – Luce Dulucq-Pujol

C'est au mois de février 2023 que Roland m'a proposé d'organiser « un concert pour la libération de Bernard ».

Bon… Je n'ai pas saisi l'idée tout de suite. D'abord, j'ai répondu : « Ah ben oui, évidemment que pour sa libération on va faire un concert incroyable… » Mais un silence étrange s'est ensuivi, et dans nos regards flottaient les brumes de l'incompréhension. Et puis, le lendemain, Roland m'en reparle : j'étais un peu mal à l'aise. Alors, j'ai fini par lui dire avec le plus de précautions possible (car nous étions vraiment malheureux et fragiles durant toute cette période) : « Ben oui, mon Roro… Mais… il faudrait d'abord que Bernard soit libéré, pour imaginer le concert de sa libération… » En prononçant cette phrase, j'ai compris que l'objet était d'œuvrer à sa libération, et non de la célébrer.

Que cela viendrait peut-être… ensuite.

Bien des mois plus tard, en fait.

Une fois nos intentions clairement définies, à savoir : provoquer une mise en lumière médiatique pacifiste sur la situation injuste et inhumaine que subissait Bernard, ça n'a pas traîné pour constituer l'équipe artistique de cette soirée de soutien.

Au bout d'à peine quelques heures, six de mes plus proches amis qui suivaient cette prise d'otage depuis des mois ont bloqué la date du 31 mars : Eva Genniaux, chanteuse et harpiste ; Luna Garcia Odin, chanteuse ; Ariane Bacquet, hautboïste ; Sophie Chauvenet, violoncelliste ; Benoît

Convert, guitariste ; et Geoffrey Perrin, comédien. Dès lors que j'ai pu compter sur leur présence, leur amitié et leur talent, je savais que ce moment serait beau et digne, que quoi qu'il arrive cette soirée jumelée à l'action irlandaise de la veille devant l'ambassade d'Iran marquerait un moment important pour nous, qui étions réduits au silence et hantés par un lourd sentiment d'impuissance depuis six mois.

Nous avons pris le temps de construire un programme poétique et musical, puisant notre inspiration dans les mails que nous échangions avec Bernard via la cellule de crise du Quai d'Orsay : « Ce qui me manque, c'est de la musique qui évoque l'amour, la tendresse, la nature, la mer, la joie, la caresse, le silence, la voix des femmes, la paix… »

Pour illustrer tout ça, nous avons choisi des mélodies traditionnelles irlandaises et catalanes, du Fauré, un extrait du *Quatuor pour la fin du temps* d'Olivier Messiaen, du Britten, du Bartok, du Rameau, Vivaldi, Poulenc, Chopin, ainsi que des compositions personnelles et des poèmes de Yeats.

Une partie de ses proches se chargeaient de l'aspect médiatique et pratique de l'événement. Nous avons été merveilleusement accueillis par le Centre culturel irlandais en sa magnifique chapelle.

Du côté des musiciens, nous avions fait le choix de jouer pour Bernard comme s'il était là, et pour ses proches en souffrance, avec l'espoir que les sonorités de nos instruments, de nos voix leur redonneraient un peu de forces, de tendresse et d'espoir pour tenir bon jusqu'à son hypothétique libération.

Roland m'a dit à la fin du concert qu'il avait eu l'impression d'être près de lui, comme si une part de Bernard encore libre était présente avec nous ce soir-là.

Nous avons terminé ce concert par la chanson *Septembre* de Barbara, l'une des artistes préférées de Roland : « Jamais les fleurs de mai n'auront paru si belles / Les vignes de l'année auront de beaux raisins / Quand tu me reviendras avec les hirondelles / Car tu me reviendras mon amour… à demain. »

Au mois de mai, Bernard est revenu…

Je n'oublierai jamais ce moment de ma vie, ni aucune des personnes qui de près ou de loin ont contribué à le rendre possible.

Du fond du cœur, merci à eux ainsi qu'à tous ceux qui trouvent le courage d'œuvrer pour préserver la dignité humaine dans ce monde chaotique.

Des extraits du concert sont disponibles ici : https://vimeo.com/951857363

L'Affaire Johan Floderus – Bernard Phelan

Johan est un employé de l'UE qui a été fait prisonnier à Téhéran, où il était en vacances chez des amis de l'ambassade de Suède. Il a été arrêté alors qu'il se rendait à l'aéroport le 17 avril 2022. Son emprisonnement n'a été connu du public qu'au bout de cinq cents jours. Avant cela, ses parents suivaient les instructions du ministère suédois des Affaires étrangères : garder une discrétion absolue, exactement comme les autorités françaises imploraient Roland et Caroline de le faire à propos de ma captivité. Johan s'était rendu à Bruxelles en 2015 pour un stage dans la représentation permanente de la Suède à l'UE. Après un master en économie du développement au SOAS, à Londres, il était retourné à l'UE comme gestionnaire des programmes pour la délégation de l'Union européenne en Afghanistan, basée à Bruxelles.

J'ai rencontré le compagnon de Johan, Johnathan, pour un déjeuner à Paris le 20 novembre 2023, et il m'a raconté son histoire. Comme tous deux n'étaient pas mariés, il avait tout d'abord eu du mal à jouer un rôle actif dans le combat pour la libération de Johan. Les parents de ce dernier, de manière compréhensible, craignaient de faire quoi que ce soit qui mette en danger la vie de leur fils, par exemple en révélant son homosexualité. J'ai tenté de rassurer Jonathan en lui disant qu'aucun mal ne lui serait fait physiquement. Le régime a tout intérêt à ce que ses otages restent en bonne santé. La torture mentale, telle que je l'ai vécue, est en revanche remarquable. Je lui ai aussi dit que la famille et lui devaient faire parler de Johan dans les médias, et s'employer à dissuader les autorités suédoises de recommander la discrétion à tous. J'ai assuré à Johnathan que j'étais prêt à me rendre en Suède pour aller épauler les parents de Johan.

Quelques semaines plus tard, le 2 décembre, Roland et moi étions à Bruxelles afin de rencontrer le père de Johan, Matts, qui était venu de Göteborg. Nous avons tâché de le rassurer tout en insistant sur le fait que garder un profil bas n'accélérerait pas la libération de son fils. Je lui ai dit qu'il fallait vraiment qu'il passe à la vitesse supérieure. J'ai expliqué, par exemple, que la veillée devant l'ambassade d'Iran à Dublin avait contribué à faire parler de mon cas non seulement dans la presse européenne, mais aussi sur les chaînes d'opposition iraniennes. À la suite de notre visite, Matts a donné une interview au *Guardian*, publiée le 8 décembre. Dans cette interview, il concédait que « la diplomatie silencieuse ne marche pas » et que les choses allaient « mieux depuis que le nom de [Johan] était devenu public ».

Les choses ont commencé à bouger. Johnathan m'a sollicité pour participer à une conférence de presse à Bruxelles où Olivier Vandecasteele, un otage belge libéré peu après moi en mai 2023, s'exprimerait aussi. Quelques jours avant, Johnathan a organisé une vidéoconférence avec tous les participants. On nous a expliqué que le public pourrait poser des questions via un outil web qui permettait un filtrage par les modérateurs. On nous a demandé s'il y avait des sujets tabous. Pour moi, aucun. L'occasion était trop importante pour que je commence à dire que je ne voulais pas parler de ceci ou de cela.

L'événement s'est déroulé le soir du 1er février 2024 dans une salle bondée du palais des Beaux-Arts. Avant de monter sur scène, j'ai donné quelques interviews à la presse suédoise et belge. Il y avait toutes sortes de gens dans le public. J'imagine que quelques employés de l'ambassade d'Iran étaient présents.

Olivier avait passé une courte période dans la même cellule que Johan à la prison d'Evin à Téhéran, si bien qu'il a pu décrire au public leurs conditions de détention. Il nous a parlé de leur amour partagé de la littérature et de leur expérience commune dans l'humanitaire en Iran. Il y a eu beaucoup de questions pour nous deux. J'ai raconté comment Caroline et Roland avaient veillé à ce que mon dossier reste une priorité pour les ministères irlandais et français, et répété que, comme Roland l'avait dit un certain nombre de fois, « la peur doit changer de camp ». Nous n'avons pas à craindre les Iraniens. C'est eux qui doivent avoir peur de ce que nous racontons au monde entier sur la manière dont ils traitent leurs otages, racontant des mensonges, piétinant les conventions internationales, ignorant les droits humains de base. La vidéo de la veillée à l'ambassade d'Irlande à Dublin, filmée par la chaîne RTÉ, a été montrée, avec le passage très émouvant où mon père traverse la rue pour déposer une lettre dans la boîte de l'ambassade puis se retourne pour s'adresser à l'assemblée. La scène a soulevé un tonnerre d'applaudissements. J'étais très fier de Caroline et de mon père.

J'ai posé une question ouverte : l'UE continuait-elle à travailler avec le régime iranien alors qu'un de ses diplomates était en prison ?

Je suis rentré à Paris par le dernier train, épuisé mais heureux d'avoir contribué à faire parler du cas de Johan en Europe. Johnathan m'a dit plus tard que les retours avaient été excellents et que cela avait motivé l'équipe à en faire encore plus. Le 14 mars, j'ai vu sur X (anciennement Twitter) que les amis de Johan et d'Olivier avaient manifesté devant l'ambassade d'Iran à Bruxelles. Enfin ! Le 7 février, Johnathan m'a demandé si je voulais bien venir à Stockholm pour un événement similaire en mars. Olivier serait présent, ainsi que Martin Schibbye, un journaliste détenu pendant quatre cent trente-huit jours dans une prison éthiopienne en 2011. Cette fois, il n'y aurait pas de questions du public. Mais une personnalité médiatique bien connue, Karin Hübinette, devait nous interviewer tous les trois. J'ai fait connaissance avec elle par le biais d'un entretien vidéo.

L'événement s'est tenu à la Kulturhuset, en plein centre-ville. Encore une fois, la salle était comble. J'ai rencontré la mère de Johan, Kerstin Floderus, et sa sœur Tove Floderus, qui est médecin. Le père de Johan m'a dit qu'il n'avait toujours pas de plan B. Cela ne m'a pas étonné. Il y avait aussi des visages déjà croisés à Bruxelles. Olivier et moi avons donné des interviews à la radio suédoise.

Johan avait envoyé un texte en anglais, via l'ambassade suédoise à Téhéran, pour qu'il soit lu ce soir-là. Après le passage de ses sœurs Ingrid et Tove, et la lecture de la lettre de Johan, Olivier, Martin et moi sommes entrés en scène. Karin a été excellente dans sa manière de nous faire parler de notre expérience. Une chose qui m'est restée en mémoire est qu'elle nous a interrogés sur le mot « espoir » présent dans la lettre de Johan. Nous avons répondu tous les trois qu'en prison l'espoir est trop douloureux pour être envisagé. Olivier a pu raconter le temps passé avec Johan, un récit très émouvant.

Nous avons tous les trois soutenu avec insistance que le dossier de Johan devait être une priorité pour le gouvernement suédois. J'ai expliqué que la lettre du président irlandais Michael D. Higgins à mon père avait été traduite en farsi et m'avait été envoyée en prison par Justin Ryan, le chargé d'affaires irlandais. J'ai demandé si le roi de Suède, Carl XVI Gustaf, pourrait écrire de même aux parents de Johan. Cela permettrait de montrer au régime iranien l'importance accordée à l'affaire de Johan dans son pays d'origine.

J'étais lessivé quand je suis sorti de scène avec les autres. Alors que je m'approchais du bar, différentes personnes sont venues me serrer la main. Un homme s'est présenté comme étant un Chilien dont le père avait été emprisonné par le régime de Pinochet. Il était accompagné de sa femme, qui, comme je l'ai appris ensuite, était avocate, iranienne, et vivait en Suède. Puis un autre avocat s'est avancé vers moi. Il m'a dit que ma suggestion à propos du roi était excellente. J'ai répondu que même une lettre du Premier ministre, qui puisse être vue par les autorités iraniennes, pourrait aider Johan.

Je suis parti tôt, car je devais donner une interview le lendemain matin, avec les sœurs de Johan, Ingrid et Tove, dans une matinale à la télé suédoise, et que le taxi était supposé me prendre à 5 h 45. Le réveil a sonné à 4 h 15. J'avais très mal dormi, mais le soleil était levé, ce qui m'a donné beaucoup d'énergie.

Nous avons retrouvé les deux sœurs devant les studios de la chaîne de télé suédoise TV4. Tove et Ingrid devaient être interviewées en premier par les deux présentateurs. Quand nous sommes entrés dans le studio, mon cœur a fait un bond et mes mains sont devenues moites : sur un mur, un écran immense montrait le drapeau iranien. C'était juste à côté de mon siège. Il y avait un autre écran avec une photo de Johan devant le drapeau, à côté des places de ses sœurs. Heureusement, on a changé le fond pour moi et je me suis senti un peu mieux.

L'interview s'est bien passée, mais mes souvenirs du temps passé à Machhad ont continué à refaire surface dans les moments les plus étranges. Un matin, je suis allé visiter le musée de la photo, le Fotografiska. Il y avait une vidéo d'avions dans le ciel. Je me suis soudain revu dans la cour, en train de regarder les avions décoller de l'aéroport de Machhad. J'ai commencé à paniquer.

Je suis rentré à Paris le matin du lundi de Pâques.

Johan Floderus a été relâché le 15 juin 2024, contre la libération du gardien de prison iranien Hamid Nouri, emprisonné à Stockholm pour crimes contre l'humanité en 2019.

Extrait
de ma liste de lecture en prison

Une mort à Lisbonne, Robert Wilson
Don Quichotte, Miguel de Cervantès
Lettre à un otage et *Le Petit Prince*, Antoine de Saint-Exupéry
Régénération, Par Barker
Soie, Alessandro Baricco
L'Anomalie, Hervé Le Tellier
Le Baron perché, Italo Calvino
L'Homme craie, C.J. Tudor
Les Faux-Monnayeurs, André Gide
Ce que nous confions au vent, Laura Imai Messina
Le Murder Club du jeudi et *Le Jeudi suivant*, Richard Osman
La Vérité sur l'affaire Harry Québert et *Le Livre de Baltimore*, Joël Dicker
Les Douze Travaux d'Astérix, Albert Uderzo & René Goscinny
22/11/1963, Stephen King
Pourquoi nous dormons, Matthew Walker

Quelques messages envoyés pendant mon incarcération

À Caroline, le 22 décembre 2022 :

Chère Caroline,

On est à quelques jours de Noël, et apparemment je reste en prison. Je suis très heureux de savoir que tu seras avec papa à Dublin (je t'ai envoyé un message pour lui hier).

Mon avenir ici me désespère complètement. Je suis épuisé par ma bataille quotidienne pour pouvoir appeler ma famille, pour envoyer des lettres, pour recevoir des livres, pour obtenir mes médicaments, pour trouver quelque chose de correct à manger, pour parvenir à me réchauffer. Je ne sais plus quoi te dire, mais je t'embrasse très, très fort,

Bernard

P.-S. : Comme ton rendez-vous au ministère des Affaires étrangères à Dublin est aujourd'hui, je sais que tu ne peux pas dire grand-chose, mais au moins tu pourras m'indiquer s'il y a du nouveau ou non.

À Roland et Caroline, le 26 décembre 2022 :

J'espère que vous allez bien tous les deux. Merci pour vos messages de ce week-end. Je reviendrai vers vous plus tard dans la journée.

Ici, il fait très froid mais sec. Côté médicaments, dans le colis de Paris, le Laroxyl et la vitamine D manquaient, à voir avec la pharmacie là-bas mais sans urgence. Un médecin sympa m'a fait une piqûre de vitamine D et il va essayer de me trouver un équivalent du Laroxyl (c'est pour dormir). Côté santé, j'ai l'impression que ma capsulite à l'épaule gauche avance jusque dans mon bras. J'ai beaucoup de maux de dos et de nuque. J'ai des difficultés à tourner la tête à gauche. Le pire, c'est mes genoux, j'ai eu un rendez-vous chez un rhumato à la mi-octobre : la douleur est de plus en plus forte. Ça me réveille la nuit. Je prends du paracétamol, mais j'ai toujours des douleurs dans la poitrine et quelquefois comme une aiguille qui s'enfonce dans le dos en même temps. À part ça, nous avons tous des problèmes aux pieds ici parce qu'il fait super sec, et impossible de trouver de la crème, on a tous des crevasses. J'ai aussi l'impression que j'ai la vue qui baisse, ce qui est bizarre vu que j'ai été opéré en début d'année. C'est peut-être parce que je n'ai pas reçu de traitement depuis un moment.

Je vous embrasse tous les deux,

Bernard

À Caroline, le 27 décembre 2022 :

Chère Caroline,

Merci pour le message. Oui, j'imagine bien papa à Noël, et en plus il regarde beaucoup la télé et lit le journal tous les jours, il ne va plus parler que de ça. Plus tôt ce sera fini, mieux ce sera. C'est épuisant pour vous tous.

En ce qui concerne Eoghan Corry, j'ai reçu un message il y a quelques semaines via l'avocat. Il faut qu'elle m'envoie une sortie papier.

Bisous,

Bernard.

À Caroline et Roland, le 31 janvier 2023 :

Salut,

Ne vous inquiétez pas pour moi. Je prends mes médocs et je mange. Mais hier, le téléphone a été coupé très longtemps, vous connaissez le problème. Leur « torture blanche », ça marche. Je craque ou j'ai craqué, je ne sais pas, et j'ai beaucoup pleuré hier soir.

Bernard.

À Roland, le 9 mars 2023 :

Mon cher Roland,

Hier après-midi, j'ai reçu des messages de gens que je n'avais pas vus depuis longtemps. J'ai appelé Justin et, avant de me lire mes messages, il m'a informé que le gouvernement irlandais n'avait plus l'intention d'ouvrir une ambassade en Iran étant donné ma situation actuelle.

J'imagine que tu es au courant de la conférence de presse hier à Dublin et des gens qui y étaient. Le lieu est hyper symbolique parce que c'est l'« hôtel » de l'Assemblée nationale irlandaise. On est souvent passés devant.

En espérant qui ne reste pas longtemps pour te trouver [*sic*], il faut que tu en apportes en plus, d'accord ? Bonne triple épaisseur.

Plein de baisers,

Bernard

À Caroline et Roland, le 28 mars 2023 :

Salut vous deux,

Ce mardi matin, j'ai revu le médecin des autorités, sans son collègue. On en a parlé hier avec M. Roche. Je vous épargne les détails, mais il m'a pris la tension avec du matériel de pro (18,6 après la mesure du matin) et m'a réexaminé.

Je lui ai donné une copie du dernier rapport du Dr Campa et mon ordonnance (en français et en farsi, grâce à l'ambassade). Le chef du bloc lui a montré les courbes de mes prises de tension quotidiennes. Je n'ai vraiment pas l'impression qu'il ait regardé. Puis le Dr Honey est venu nous rejoindre. Ils se connaissent très bien. On a parlé de tous mes problèmes, y compris de l'incident de la chaise.

Je l'ai aussi informé qu'un nouveau médoc contre la tension était en train d'arriver de France. Croisons les doigts pour que cette visite débloque les choses, comme le pensait M. Roche hier soir.

C'est tout, des baisers à vous deux,

Bernard

Lettre du président

Cher Vincent,

Merci pour la lettre profondément sincère que vous m'avez envoyée plus tôt dans l'année au sujet de la situation extrêmement préoccupante que votre fils Bernard continue d'affronter en Iran.

Je sais que, à ma demande, mon secrétaire général adjoint, George Burke, est entré en contact avec votre fille Caroline et vous-même en janvier au sujet de l'affaire de Bernard.

Votre lettre m'est restée en tête : je comprends très bien la douleur et les souffrances qui sont les vôtres en ces moments difficiles.

J'ai voulu vous écrire personnellement car j'ai été particulièrement frappé par la dignité avec laquelle vous, votre famille et les soutiens de Bernard avez mené votre veillée de la semaine dernière. Je tiens à faire tout mon possible pour assurer la libération de Bernard.

J'ai eu des conversations directes avec le ministère, le Tánaiste et le ministre des Affaires étrangères, Micheál Martin, leur demandant de me tenir directement informé de toute évolution dans l'affaire de Bernard, et j'ai réitéré que j'étais disponible pour apporter mon assistance de toute manière jugée utile pour assurer la libération de Bernard.

Je sais que votre famille et vous-même traversez des moments très angoissants et extrêmement difficiles. Soyez certains que vous êtes dans les pensées et les prières de Sabina et moi-même, et que nous espérons sincèrement que votre fils, Bernard, vous sera rendu en toute sécurité dans les meilleurs délais.

N'hésitez pas à faire de nouveau appel à moi si vous souhaitez garder le contact.

Avec mes vœux les plus sincères,

Bien à vous,

Michael D. Higgins
Uachtarán na hÉireann
Président de l'Irlande

Un peu de bleu – Greg O'Corry-Crowe

J'ai appris la nouvelle l'autre jour
Qu'ils étaient venus l'emmener
Il a pris une photo sous la pluie
Ils ont mis sa tête dans le cadre

Une fille avait osé réveiller la génération Z
Avait payé de sa vie la liberté
Manifs, flics, espions,
Ils arrêtent les gosses jusque dans le souk

Ce qu'on appelle être au mauvais endroit au mauvais moment, mon pote !
Solitaire, grève de la faim
Son père réveillé dans la nuit
La sœur, le mari qu'on appelle
Debout face au mur
De l'étoile du Sud aux aurores boréales
Ils ont répondu présents d'un jour sur l'autre
Allume une bougie, fais passer
Dis au monde ce qui arrive

Bon Dieu, Bernard, reste en vie !
Caroline, à vous l'antenne dans cinq minutes
RTÉ, Tipp FM
Et demain tu recommences

Diplomates, Michael D.
Négociations à l'heure du thé

Veillées, manifs, ONG
Le reverrons-nous avant les premières neiges ?

Croyez-moi, les mamans, faut pas les chercher !
Dedans, les murs se refermaient
Le temps passait, la nuit avançait
Pas question, il faut tenir
Derrière les nuages, un peu de bleu

Dehors, un cri pour le libérer
Doubler la mise, négocier
Puis après des mois de palabres interminables,
On n'oubliera pas que vous l'avez sorti de là

Les Irlandais n'ont jamais joué le Jeu
Arpentez la terre, traitez tout le monde de même

Pourquoi ne pas simplement convenir
Que vous faites comme ça vous chante…
… Et moi aussi.

Remerciements

Merci à Micheál Martin, à Simon Coveney, à Leo Varadkar et aux nombreux élus, à l'échelle européenne, nationale et locale, qui se sont relevé les manches et qui ont trouvé le temps dans leurs vies déjà chargées pour prendre ma défense. J'aimerais aussi remercier en particulier Sonya McGuinness, ambassadrice d'Irlande en Iran à l'époque, et son collègue Justin Ryan, pour leur patience et leur écoute. Et Amnesty International Irlande, dont la branche de Dún Laoghaire a commencé à manifester depuis l'ambassade d'Iran en janvier 2023, merci.

J'aimerais aussi adresser des remerciements chaleureux à Nicolas Roche et à Ahmeneh Ershadi, de l'ambassade française à Téhéran, pour leur dévouement et leur aide précieuse.

Merci encore aux personnes suivantes pour leur aide avec ce livre : Marine Alata, Greg Corry-Crow, David Craig, Emilie Craig, Marie-Martine Dorain, Myriam Frégonèse, Lisa Gilmour, Patricia Glennie, Declan Heeney, Simon Hess, Mathieu Johann, Niamh Kinsella, Lara Marlowe, Brian McColgan, Gerry McColgan, Dara McMahon, Deirdre Nolan, Kathy Phelan, Olivia Renshaw, Susan Spindler, Alison Walsh et Jonathan Williams.

Table

Troisième partie – Liberté

Appendices

Édité par HarperCollins France.
Composition et mise en pages
Nord Compo à Villeneuve-d'Ascq
Achevé d'imprimer en février 2025.

CPI
FIRMIN-DIDOT

à Mesnil-sur-l'Estrée (Eure)
Dépôt légal : mars 2025.

Pour limiter l'empreinte environnementale de ses livres, HarperCollins France s'engage à n'utiliser que du papier fabriqué à partir de bois provenant de forêts gérées durablement et de manière responsable.

Imprimé en France